CÉLINE DION: 2005-2009
O Diário de um Webmaster

CÉLINE DION

2005-2009

O Diário de um Webmaster

Bruno Silva

Céline Dion: 2005-2009 – O Diário de um Webmaster

© Bruno Silva, 2010

Contacto: brunosilva2002@hotmail.com

Design do livro e da capa por Bruno Silva.

Data de lançamento: 30 de março de 2010
ISBN: 978-989-96685-0-8
Número de Depósito Legal: 308486/10

Este livro foi escrito em português de Portugal, respeitando o Acordo Ortográfico da Língua Portuguesa de 1990.

ÍNDICE

INTRODUÇÃO

A ideia deste livro surgiu em meados de setembro de 2009, quando dei por mim a pensar que faltavam cerca de 6 meses para o site *Celine Dion PT*, que inaugurei a 30 de março de 2005, completasse 5 anos. Pensei então que tinha de celebrar o momento com algo especial, pois não é todos os dias que um site sobre um artista completa 5 anos de existência. Durante estes anos vi vários grandes sites dedicados a Céline Dion a chegarem ao fim e outros a serem criados e a terminarem poucos meses depois. É por isso uma grande honra para mim ter um site que celebra 5 anos e que é uma referência para centenas de fãs que quase diariamente o visitam para ficarem informados sobre tudo o que se passa com Céline Dion. Apesar de não ter nenhuma experiência como escritor, nem uma formação na área das letras, decidi que a melhor forma de celebrar estes 5 anos seria compilar num livro as notícias que fui publicando no site ao longo dos anos. Comecei esse trabalho em outubro de 2009 e só o terminei em março de 2010. Foram necessários 5 meses para reunir, organizar, selecionar e escrever tudo o que está neste livro. São mais de seiscentas as notícias aqui compiladas. Quem ler este livro ficará a conhecer praticamente tudo o que aconteceu na carreira e na vida pública de Céline Dion entre 1 de janeiro de 2005 e 31 de dezembro de 2009. É por isso um livro indispensável para qualquer fã de Céline Dion.

2005

O ano 2005 ficou marcado por um dos momentos mais emocionantes da carreira de Céline Dion. No dia 3 de setembro, no programa *Larry King Live* – "How You Can Help" da CNN, enquanto falava da tragédia do furacão Katrina, Céline Dion chorou e criticou fortemente a administração Bush por nesse momento não estar a apoiar devidamente as pessoas que precisavam de ajuda na região de Nova Orleães, uma vez que grande parte dos meios necessários estavam a ser utilizados na guerra contra o Iraque.

Dois mil e cinco foi também um ano em que Céline Dion mostrou mais do que nunca a sua generosidade. Participou em vários programas de televisão que visaram angariar fundos para diversas instituições, participou em vários eventos de caridade, gravou a canção "Come Together Now", doou 1 milhão de dólares à Cruz Vermelha norte-americana e deu ainda as receitas do seu concerto do dia 8 de maio à UNICEF para que pudessem ser distribuídas pelas pessoas afetadas pelo tsunami do sudeste asiático.

Outro dos momentos do ano foi a participação de Céline Dion no *Live 8*, onde apareceu via satélite de Las Vegas a cantar "Love Can Move Mountains". Este momento ficou também marcado por uma forte vaia a Céline Dion, feita pelas pessoas que se encontravam a assistir às atuações no palco canadiano do evento. Segundo elas, Céline deveria ter ido ao Canadá cantar ao vivo, tal como fizeram todos os outros cantores, e não aparecer via satélite a partir de Las Vegas.

Em termos de lançamentos, o ano ficou marcado pelo lançamento de *On Ne Change Pas*, a primeira grande compilação em francês de Céline Dion que bateu recordes de vendas em França e no Quebec. Foi ainda lançado o livro *Celine Dion: For Keeps*, da autoria de Jenna Glatzer, que contem cópias de vários documentos pessoais e íntimos de Céline Dion.

■ SÁBADO, 1 DE JANEIRO

Passagem de Ano

Céline Dion canta "In Some Small Way", "I'm Alive" e "My Heart Will Go On" em homenagem às vítimas do desastre causado pelo tsunami na Ásia, em direto de Las Vegas, para milhares de pessoas que se encontravam na Times Square e para todo o Mundo a partir da emissão especial de passagem de ano da CNN.

Discoteca em Las Vegas

Céline Dion em parceria com André Agassi, Steffi Graf e Shaquille O'Neal abre a discoteca *Pure*, uma das maiores de Las Vegas.

■ DOMINGO, 2 DE JANEIRO

DVD *A New Day* nas próximas semanas

Os sites da *Sony Music Dinamarca* e da *Sony Music Áustria* anunciam o lançamento do DVD "A New Day... Live In Las Vegas", para entre os dias 31 de janeiro e 7 de fevereiro, com o seguinte conteúdo:

DVD 1:

1. Nature Boy; 2. Power of Love; 3. It's All Coming Back To Me Now; 4. Because You Loved Me; 5. To Love You More; 6. I'm Alive; 7. Seduces Me; 8. If I Could; 9. Have You Ever Been In Love; 10. At Last; 11. Fever; 12. I've Got The World On A String; 13. A New Love; 14. I Surrender; 15. The First Time Ever I Saw Your Face; 16. Ammore Annascunnuto; 17. Je T'Aime Encore; 18. I Wish; 19. Love Can Move Mountains; 20. I Drove All Night; 21. My Heart Will Go On; 22. What A Wonderful World

DVD 2:

1. Documentário "A Day In The Life Of The Cast";
2. Documentário "A Day In The Life Of Céline Dion"

■ QUARTA-FEIRA, 12 DE JANEIRO

Céline Dion em 2º lugar

A revista americana *Pollstar* divulga a lista dos artistas que mais fatura-ram em 2004 com os seus concertos na América Do Norte. Céline Dion aparece no 2º lugar.

#1 - Prince - 87,4 milhões de dólares americanos
#2 - Céline Dion - 80,4 milhões
#3 - Madonna - 79,5 milhões
#4 - Metallica - 60,5 milhões
#5 - Bette Midler - 59,4 milhões
#6 - Van Halen - 54,3 milhões
#7 - Kenny Chesney - 50,8 milhões
#8 - Sting - 50,1 milhões
#9 - Toby Keith - 43,7 milhões
#10 - Elton John - 43,3 milhões

■ QUINTA-FEIRA, 13 DE JANEIRO

Show beneficente

O canal canadiano CBC transmite um espetáculo beneficente a favor das vítimas do tsunami que afetou o sudeste da Ásia. Céline Dion participa com uma prestação pré-gravada de "In Some Small Way" a partir de Las Vegas.

Céline Dion doará 1 milhão de dólares

Céline anuncia que doará 1 milhão de dólares para as vítimas do tsu-nami que afetou a Ásia. Ela dedicará o show do dia 8 de maio, dia da mãe, a essa causa. Céline espera conseguir angariar no mínimo 1 milhão de dólares.

"Assim como várias pessoas neste mundo, eu fiquei devastada pela perda e sofrimento de muitos na Ásia", disse Céline Dion. *"Como mãe que sou, não consigo imaginar o sofrimento que estão a viver. Sabemos que o tempo para reconstruírem as suas vidas será muito longo, e que precisarão da nossa ajuda*

por vários anos. Escolhi o dia da mãe para este evento pelo significado da família, e para manter a consciência de todos naquele país durante muitos meses."

■ **TERÇA-FEIRA, 18 DE JANEIRO**

Miracle e Céline Dion no topo

Segundo a revista *Billboard*, Céline Dion foi a segunda artista que mais álbuns vendeu em 2004 na categoria "Áudio Infantil" e o álbum *Miracle* foi o terceiro mais vendido nessa categoria.

Não haverá mais DVD ao vivo

O site da revista *Celine Dion Magazine* anuncia que a *Sony Music* não irá mais lançar o DVD *A New Day... Live In Las Vegas*. O DVD tinha data de lançamento marcada para o dia 31 de janeiro.

■ **QUARTA-FEIRA, 19 DE JANEIRO**

Cada vez mais popular na Malásia

A estação de rádio Mix FM, da Malásia, anuncia a sua lista das 1.000 melhores canções dos últimos 25 anos e Céline Dion entra na lista com 12 canções. A votação foi feita pelo público.

#848 - *You And I* - Céline Dion
#824 - *Beauty And The Beast* - Céline Dion & Peabo Bryson
#742 - *A New Day Has Come* - Céline Dion
#583 - *The Power Of Love* - Céline Dion
#499 - *I'm Your Angel* - Céline Dion & R Kelly
#357 - *Because You Loved Me* - Céline Dion
#317 - *My Heart Will Go On* - Céline Dion
#271 - *Immortality* - Céline Dion & Bee Gees
#233 - *All By Myself* - Céline Dion
#110 - *That's The Way It Is* - Céline Dion
#88 - *I'm Alive* - Céline Dion
#15 - *Where Does My Heart Beat Now* - Céline Dion

■ QUINTA-FEIRA, 20 DE JANEIRO

A subida da semana

Céline Dion regista a subida da semana nos tops da Billboard. Graças à repetição de um episódio do programa *Oprah Winfrey Show*, o álbum *Miracle* registou uma subida de 83% em relação à semana anterior. Subiu do 90º lugar para o 36º vendendo 22 mil cópias.

Prémios Canadian Radio Music – nomeação

Céline Dion é nomeada juntamente com Shania Twain, Avril Lavigne, Finger Eleven e Sarah Mclachlan na categoria "Listeners Choise" (escolha dos ouvintes) dos prémios Canadian Radio Music. A cerimónia de entrega decorrerá na noite de 5 de março em Toronto.

■ SEXTA-FEIRA, 21 DE JANEIRO

Miracle: 2,5 Milhões

A *Canadian Press* anuncia que o álbum *Miracle* vendeu mais de 2 milhões de cópias em todo o mundo e que o livro contendo o CD vendeu mais de 500 mil exemplares.

■ SEGUNDA-FEIRA, 24 DE JANEIRO

Top canadiano de 2004

Segundo a Associação Canadiana da Industria Fonográfica, Céline Dion foi a 2ª artista canadiana que mais vendeu em 2004. O seu álbum *A New Day Has Come* foi certificado 6 vezes platina (600.000 unidades).

■ SEGUNDA-FEIRA, 7 DE FEVEREIRO

Prémios Juno – nomeações

Céline Dion é nomeada para três prémios *Juno*.

Ela concorre nas categorias "Artista Do Ano" (contra Bryan Adams, Diana Krall, K.D. Lang, Avril Lavigne), "Álbum Do Ano - *Miracle*" (contra Billy Talent, Diana Krall, Avril Lavigne, Simple Plan) e "Álbum Pop Do Ano" (contra Fefe Dobson, Avril Lavigne, Ryan Malcolm, Simple Plan). A cerimónia será transmitida a 3 de abril a partir de Winnipeg.

■ DOMINGO, 13 DE FEVEREIRO

Prémios Génie – nomeação

Todos os anos, a Academia Canadiana de Cinema e Televisão premeia com os prémios Génie. Este ano, a música "Ma Nouvelle France" de Céline Dion é nomeada na categoria "Música Original". Esta música foi escrita por Luc Plamondon e Patrick Doyle para o filme *Nouvelle France* que foi lançado no Quebec em novembro de 2004.

■ SEXTA-FEIRA, 18 DE FEVEREIRO

Férias

Céline Dion aproveita os dias de pausa do show *A New Day* para viajar até às Bahamas.

Lista *Rolling Stone*

Segundo a revista norte-americana *Rolling Stone*, Céline Dion ficou em 21º lugar na lista dos cantores que mais dinheiro ganharam em 2004, com $24 milhões de dólares. Segundo a revista, Céline Dion recebeu $20 milhões do seu espetáculo em Las Vegas e os restantes $4 milhões dos 1,5 milhões de álbuns que vendeu nos EUA. Do valor total não fazem parte os lucros dos seus perfumes, nem os cerca de 3 milhões de álbuns vendidos fora dos EUA, nem os lucros com outro tipo de negócios.

■ TERÇA-FEIRA, 1 DE MARÇO

Céline Dion escreve para livro

É lançado o livro *Chanter De Tout Son Corps*, de Johanne Raby e Francoise Chagnon. O livro fala no trabalho árduo e na disciplina que é necessária para se obter sucesso e conta com dicas de vários artistas entre eles Marie-Michèle Desrosiers, Laurence Jalbert, Bruno Pelletier e Céline Dion.

Capa da revista *Exame*

Céline aparece na capa da revista brasileira *Exame*. O artigo fala nos milhões que a indústria do entretenimento arrecada todos os anos. Céline é citada como o facto mais interessante e uma das artistas que mais dinheiro arrecadou em 2004.

■ **SEXTA-FEIRA, 4 DE MARÇO**

A New Day... Live In Las Vegas dia 7 de abril

A *HMV Japão* anuncia uma nova data – 7 de abril – para o lançamento do DVD *A New Day... Live In Las Vegas*.

■ **SÁBADO, 5 DE MARÇO**

Céline não ganha prémio

Céline Dion não ganha o prémio "Escolha dos Ouvintes" dos Canadian Radio Music Awards. O prémio é entregue a Avril Lavigne.

■ **QUINTA-FEIRA, 10 DE MARÇO**

5 Músicas de Natal

Vários rumores dão conta que David Foster está a trabalhar em 5 novas músicas de Natal para Céline Dion.

ANO 2005

■ **SEXTA-FEIRA, 11 DE MARÇO**

René-Charles

Em Las Vegas, René-Charles encontra-se com o piloto da NASCAR, Tony Stewart.

■ **SEGUNDA-FEIRA, 21 DE MARÇO**

"Ma Nouvelle France" não ganha prémio

"Ma Nouvelle France" não ganha o premio de "Melhor Canção Original" na 25ª gala dos prémios Génie. O troféu foi para a canção "Pantaloon In Black" do filme *Twist*.

■ **QUINTA-FEIRA, 24 DE MARÇO**

A melhor cantora de 2004

Céline Dion é eleita a melhor cantora de 2004 pelos leitores do jornal *Las Vegas Review*. A cerimónia do evento decorreu no Clint Holmes Showroom.

■ **DOMINGO, 27 DE MARÇO**

A New Day em 1º lugar

Céline continua com espetáculos completamente esgotados. De 9 a 13 e de 16 a 20 de março deu 10 concertos que esgotaram por completo. Ocupam o 1º e o 2º lugar dos concertos mais lucrativos nos EUA na 2ª e 3ª semanas de março. Em 2005, até esta data Céline Dion deu 36 espetáculos, foi visitada por 136.788 pessoas e faturou $18.706.300 dólares.

■ **SEGUNDA-FEIRA, 28 DE MARÇO**

Natasha Bedingfield fã de Céline Dion

A cantora Natasha Bedingfield revela que é uma fã incondicional de Céline Dion.

■ **QUARTA-FEIRA, 30 DE MARÇO**

Farta de bêbados

Céline Dion faz 37 anos. O seu aniversário é lembrado em praticamente todos os jornais. O português *24 Horas* publica uma notícia curiosa: Céline Dion está farta de bêbados nos seus concertos.

■ **DOMINGO, 3 DE ABRIL**

Céline Dion não ganha prémio

Céline Dion não ganha em nenhuma das 3 categorias para a qual estava nomeada nos prémios *Juno*. Os vencedores foram:

"Artista Do Ano" - Avril Lavigne
"Álbum Do Ano - Billy Talent
"Álbum Pop do Ano" - Avril Lavigne

■ **SEGUNDA-FEIRA, 4 DE ABRIL**

Morte do Papa

Céline Dion reage à morte do Papa e comenta:

"Meu encontro com sua Santidade foi um dos momentos mais marcantes da minha vida. Ele refletia uma força e um carisma admiráveis. Ele foi o Papa da reconciliação pelo mundo e por todos os países. E por isso, era amado, respeitado e venerado por todos nós. Estou triste com sua partida, mas feliz por saber que

não sofrerá mais. Ele deixou-nos com uma mensagem de coragem e amor. Meus sentimentos e afetos o acompanham".

■ **QUINTA-FEIRA, 14 DE ABRIL**

Shows cancelados

Devido a uma alergia e infeção nas vias respiratórias, Céline Dion vê-se obrigada a cancelar os seus espetáculos dos dias 13 e 14 de abril.

■ **SEXTA-FEIRA, 15 DE ABRIL**

Céline de volta aos espetáculos

Céline Dion, já recuperada do seu problema respiratório, volta ao seu espetáculo *A New Day*.

■ **SEGUNDA-FEIRA, 18 DE ABRIL**

Nova biografia

É anunciado que uma nova biografia oficial sobre Céline Dion será lançada em outubro. Chamar-se-á "For Keeps" e é escrita por Jenna Glatzer.

■ **SEXTA-FEIRA, 22 DE ABRIL**

DVD no Outono

É novamente anunciada uma data para o lançamento do DVD do show *A New Day*. Segundo Peter Wagg, vice-presidente da companhia DRAGONE, o DVD deverá ser lançado no próximo Outono (Primavera no hemisfério sul).

■ SÁBADO, 30 DE ABRIL

René-Charles no show *A New Day*

René-Charles assiste pela primeira vez ao espetáculo da mãe. No final da atuação Céline entregou uma rosa ao filho e ambos saíram para os bastidores.

■ SEXTA-FEIRA, 6 DE MAIO

Ellen Degeneres Show

Céline Dion e o *The Ellen DeGeneres Show* oferecem, às mães presentes no estúdio do programa, bilhetes para irem assistir ao espetáculo *A New Day*.

■ DOMINGO, 8 DE MAIO

Espetáculo do dia da Mãe

Céline Dion dedica o espetáculo do dia da mãe às vítimas do tsunami que afetou o sudeste asiático.
Todo o dinheiro angariado ($1.029.714 dólares) foi entregue à UNICEF. Durante o espetáculo foram passadas mensagens do presidente dos EUA e do presidente do Canadá gravadas propositadamente para a ocasião.

■ TERÇA-FEIRA, 17 DE MAIO

All the Way e *There Are Special Times*

A revista *Billboard* anuncia que, nos EUA, Céline Dion teve dois álbuns no top anual de vendas de 2004 do "Catalog Chart" (álbuns lançados à mais de 2 anos). *All The Way* terminou no 30º lugar e *There Are Special Times* no 45º lugar.

2 Álbuns no top francês de 2004

Em França, Céline Dion terminou 2004 com 2 álbuns entre os 100 mais vendidos. *1 Fille et 4 Types* ficou em 85º lugar (em 2003 ficou em 5º lugar) e *Miracle* em 96º lugar.

■ **SEXTA-FEIRA, 20 DE MAIO**

Os mais bem-sucedidos no Reino Unido

O *Guiness World Records* edita o livro *The Book of British Hit Singles & Albums*. Nele vem contida uma lista com os 100 cantores mais bem-sucedidos no Reino Unido desde 1952. A lista, que é baseada no número de semanas que os álbuns e singles estiveram nos tops, coloca Céline Dion no 49º lugar, com 661 semanas de presença. Elvis lidera a lista com 2.463 semanas, seguido por Cliff Richard com 1.972, os Beatles com 1.749 e os Queen com 1.725.

Candidata a melhor canção da Eurovisão

É anunciado que "Ne Partez Pas Sans Moi" é uma das 10 canções finalistas que será sujeita a votação na emissão especial comemorativa dos 50 anos da Eurovisão, cujo objetivo será eleger a melhor canção de sempre do festival. As 10 canções finalistas são:

Abba, Waterloo (1974), Suécia
Céline Dion, Ne Partez Pas Sans Moi (1988), Suíça
Sandie Shaw, Puppet On A String (1967), Reino Unido
Teach-In, Ding-A-Dong (1975), Holanda
Bobbysocks, La Det Swinge (1985), Noruega
Bucks Fizz, Making Your Mind Up (1981), Reino Unido
Salome, Vivo Cantando (1969), Espanha
Johnny Logan, Hold Me Now (1987), Irlanda
Dana, International Diva (1998), Israel
Charlotte Nilsson, Take Me To Your Heaven (1999), Suécia

■ **QUINTA-FEIRA, 26 DE MAIO**

Jogos Olímpicos de 2008

Céline Dion é um dos 100 cantores candidatos a cantar nos Jogos Olímpicos de Pequim em 2008. Numa lista dominada maioritariamente por artistas chineses aparecem ainda nomes como Michael Jackson, Mariah Carey, e Avril Lavigne.

■ SEXTA-FEIRA, 27 DE MAIO

Problemas no casamento

A revista alemã *Neue Woche* noticia que Céline e René estão com problemas no casamento. A revista revela que René foi apanhado com uma empregada do casino de origem coreana e que Céline Dion recebeu uma carta a dizer que ela e o marido se deviam separar.

■ SÁBADO, 28 DE MAIO

Jogos Olímpicos de 2012

Céline Dion é escolhida para cantar nos Jogos Olímpicos de 2012 caso estes se realizem em Paris. Para apoiar a candidatura Céline regrava a canção "A Paris". Para além de Paris também Nova Iorque, Londres, Moscovo e Madrid são candidatas à organização dos Jogos. A decisão final é tomada dia 6 de julho.

■ DOMINGO, 5 DE JUNHO

Prémios Much Music – nomeação

O videoclip de "You and I" é nomeado para um prémio Much Music. Concorrem contra Céline Dion, Michael Bublé, Sarah McLachlan, Shania Twain e Feist. A gala de entrega dos prémios é no dia 19 de junho.

■ SEXTA-FEIRA, 17 DE JUNHO

Lista *Forbes* – Céline fica de fora

Céline Dion fica de fora da lista das 100 personalidades mais poderosas do mundo, elaborada todos os anos pela revista *Forbes*. Em 2004, Céline ocupava a 26ª posição. A lista é liderada por Oprah Winfrey.

■ SÁBADO, 18 DE JUNHO

Céline Dion de cera

O museu francês Grévin, conhecido pelas suas famosas estátuas de cera, anuncia que Céline Dion terá a sua estátua no início de 2006. Céline posou na passada semana para um dos escultores do museu. Simultaneamente uma segunda estátua será construída para ser colocada no Caesars Palace de Las Vegas.

"As nossas equipas realizam assim um sonho de longa data que é o de imortalizar a mais célebre cantora internacional" indicou o museu Grévin, que espera que Céline Dion venha a Paris para a inauguração.

"Depois de terem sido recebidos em casa de Céline Dion e René Angélil, em Las Vegas, para acentuar pormenores, tirar fotos e vídeos, 6 meses serão necessários para os escultores fazerem Céline Dion em cera" adiantou o diretor do museu parisiense.

■ DOMINGO, 19 DE JUNHO

"You and I" não ganha

O videoclip de "You and I" não ganha o prémio Much Music para o qual estava nomeado. O prémio foi entregue a Shania Twain pelo videoclip "Party For Two".

■ SEGUNDA-FEIRA, 20 DE JUNHO

Jogo de basebol

Céline Dion assiste a um jogo de basebol onde os seus cantores de suporte interpretam o hino nacional.

■ **TERÇA-FEIRA, 21 DE JUNHO**

Nova data para o DVD

A *Sony Music* Polaca anuncia o lançamento do DVD do show *A New Day* para o dia 28 de janeiro de 2006.

Prefácio de livro

Céline Dion escreve o prefácio do livro *Souffle de Vie* de Danny Boisvert. O livro, que é uma compilação de poemas de 76 autores diferentes, será lançado em setembro. As receitas revertem a favor da Associação Quebequense Da Fibrose Quística.

■ **QUARTA-FEIRA, 22 DE JUNHO**

Live 8

É anunciado que Céline Dion cantará para o *Live 8*, via satélite de Las Vegas para o Canadá. O evento será no dia 2 de julho.

■ **QUARTA-FEIRA, 29 DE JUNHO**

Star Academy

O vice-presidente do canal francês TF1 confirma ao jornal *Le Figaro* que Céline visitará França em outubro e que participará no programa *Star Academy*.

■ **QUINTA-FEIRA, 30 DE MAIO**

Nova casa

Céline Dion compra uma nova casa num dos 200 blocos da South Beach Road, na Florida, EUA. A casa custou 12,5 milhões de dólares e está situada num terreno com 3,7 hectares.

A New Day em 2º lugar

O espetáculo *A New Day* de Céline Dion termina a primeira metade do ano em 2º lugar na lista dos concertos mais lucrativos na América Do Norte, numa lista elaborada pela revista *Pollstar*.

#1 - U2 - $45,3 milhões de dólares
#2 - Céline Dion - $38,4 milhões
#3 - Elton John - $31,2 milhões
#4 - Kenny Chesney - $25,1 milhões
#5 - The Eagles - $23,3 milhões
#6 - Josh Groban - $16,5 milhões
#7 - Motley Crue - $15,9 milhões
#8 - Cher - $13,7 milhões

■ SÁBADO, 2 DE JULHO

De Férias

Céline Dion é fotografada numa praia nas Bahamas.

Ursos de peluche para os Jogos Paraolímpicos

Céline Dion é uma das personalidades que assina ursos de peluche cujas receitas revertem para os Jogos Paraolímpicos do Canadá. Os peluches têm a mensagem "I Love Canada".

Céline Dion no Live 8

Céline Dion participa no *Live 8*, de Las Vegas para o Canadá, com uma prestação pré-gravada de "Love Can Move Mountains". Ao ser anunciada em Toronto, Céline é vaiada por centenas de pessoas que se encontravam no espaço do concerto.

■ TERÇA-FEIRA, 5 DE JULHO

Reação às vaias lançadas a Céline Dion

O organizador do *Live 8* canadiano reage às vaias a Céline Dion dizendo que lamenta a reação das pessoas à transmissão via satélite de Céline. Michael Cohl diz que desconhece se Céline Dion foi informada da reação do público e que falou com um adolescente de 18 anos presente no espaço do concerto e este lhe disse *"tem tanto dinheiro, não podia pagar um bilhete de avião para vir ao Canadá?"*.

■ **QUARTA-FEIRA, 6 DE JULHO**

Céline de fora dos Jogos Olímpicos de 2012

O Comité Olímpico Internacional anuncia que será Londres a organizar os Jogos Olímpicos de 2012. Depois de Moscovo, Nova Iorque e Madrid serem eliminadas, a última votação fez-se entre Paris e Londres. Londres acabou por ganhar com 54 votos, apenas mais quatro do que Paris. Com a derrota de Paris, Céline Dion perde a hipótese de cantar nos Jogos Olímpicos de 2012.

■ **QUINTA-FEIRA, 7 DE JULHO**

Novo single

É anunciado que "Je Ne Vous Oublie Pas" será o primeiro single de uma compilação dos maiores sucessos em francês de Céline Dion. A compilação chamar-se-á *On Ne Change Pas* e será lançada em outubro.

■ **SÁBADO, 9 DE JULHO**

Luta contra as Minas

Céline Dion, Paul McCartney, Maroon 5, entre outros, anunciam que doarão parte dos ingressos dos seus concertos para uma iniciativa da Charity Folks que visa apoiar as Nações Unidas na luta contra a retirada de minas de zonas de conflito bélico.

■ SEGUNDA-FEIRA, 11 DE JULHO

"My Heart Will Go On" eleita a melhor

"My Heart Will Go On" do filme *Titanic*, é eleita pelos coreanos como a melhor canção de sempre de um filme. A sondagem foi feita pelo canal de cinema OCN e pelo canal de música MTV Coreia. Foram sondadas 18.366 pessoas, entre os dias 7 e 30 de junho, que tinham a possibilidade de escolher até 5 canções. Com 3.955 votos, a canção de Céline Dion foi a mais votada.

Hall of Fame da *Amazon.com*

A *Amazon.com* celebra o seu 10° aniversário e divulga várias listas baseadas nas suas vendas. Uma dessas listas diz respeito aos cantores que mais venderam desde 1998, ano em que a loja também começou a vender CD's. Céline Dion aparece no 20° lugar.

1- The Beatles; 2- U2; 3- Norah Jones; 4- Diana Krall; 5- Eva Cassidy; 6- Frank Sinatra; 7- Santana; 8- Enya; 9- Bob Dylan; 10- Rolling Stones; 11- Dave Matthews Band; 12- Bruce Springsteen; 13- Sarah McLachlan; 14- Dixie Chicks; 15- Josh Groban; 16- Elton John; 17- Rod Stewart; 18- Pink Floyd; 19- Jimmy Buffett; 20- Céline Dion; 21- Sting; 22- Johnny Cash; 23- Ray Charles; 24- Van Morrison; 25- Elvis Presley

■ QUARTA-FEIRA, 20 DE JULHO

A melhor atração de Las Vegas

Céline Dion é considerada a melhor atração de Las Vegas nos prémios da *Harrah's Entertainment*.

■ SEXTA-FEIRA, 22 DE JULHO

Photoshoot para a revista *In Style*

O repórter Jill Underwood revela, numa rádio de Ottawa, que Céline

Dion esteve presente numa sessão de fotos para a revista de moda *In Style*, e que essas fotos poderão ser vistas numa edição futura.

Air Canada em 1º lugar

A campanha de marketing feita por Céline Dion para a *Air Canada* é apontada como a principal razão pela qual a companhia aérea ficou em 1º lugar no ranking das companhias aéreas da América do Norte nos prémios *Skytrax World Airline*. Céline aparece na publicidade da *Air Canada* com a sua imagem e com a música "You and I".

■ SEGUNDA-FEIRA, 25 DE JULHO

De férias

Céline Dion inicia uma pausa de 1 mês no show *A New Day*.

■ QUINTA-FEIRA, 28 DE JULHO

Concerto de caridade

É confirmada a presença de Céline Dion num concerto de caridade organizado por Andre Agassi, a realizar-se no dia 1 de outubro na *MGM's Grand Garden Arena*, em Las Vegas.

■ SEXTA-FEIRA, 29 DE JULHO

Videoclip em Montreal

Céline Dion grava o videoclip para "Je Ne Vous Oublie Pas" na cidade de Montreal, mais propriamente no cinema Imperial. O vídeo é dirigido por Didier Kerbra.

■ SEGUNDA-FEIRA, 1 DE AGOSTO

Festa de Caridade

Céline Dion participa numa festa de caridade no clube de golfe *Le Mirage*.

René Angélil em torneio de blackjack

René Angélil participa num torneio de blackjack realizado no casino de Montreal com o objetivo de recolher fundos para a fundação André-Delambre. Céline Dion fez uma aparição surpresa e cantou "Love Can Move Mountains" com a cantora Nanette Workman.

■ **SÁBADO, 6 DE AGOSTO**

Festa de caridade

Céline Dion participa numa festa de caridade no clube de golfe *Le Mirage*, cujas receitas vão para a fundação Achille-Tanguay.

■ **QUINTA-FEIRA, 11 DE AGOSTO**

Compilações *Juno Awards 2005*

Céline Dion está presente no álbum *Juno Awards 2005* com a canção "Beautiful Boy" do álbum *Miracle*. As receitas das vendas serão para ajudar a educação musical no Canadá.

■ **TERÇA-FEIRA, 23 DE AGOSTO**

On Ne Change Pas - Lista de canções

É divulgada a lista de canções que irá fazer parte do álbum *On Ne Change Pas*.

■ **QUARTA-FEIRA, 24 DE AGOSTO**

Novo DVD em novembro

A *Sony Music França* anuncia que será lançado em novembro um DVD com os videoclips em francês de Céline Dion e com mais de uma hora e meia de bónus exclusivos.

■ **QUINTA-FEIRA, 25 DE AGOSTO**

400º Show *A New Day*

Céline Dion dá a 400ª atuação do show *A New Day* e anuncia que o espetáculo só terminará no final de 2007 e não na primeira metade desse ano, como estava planeado até então.

■ **QUINTA-FEIRA, 1 DE SETEMBRO**

Céline na inauguração da Augustus Tower

Céline Dion participa na inauguração da Augustus Tower, um novo edifício do Caesars Palace de Las Vegas.

■ **SEXTA-FEIRA, 2 DE SETEMBRO**

"Pais de Coração"

Céline Dion e René Angélil aceitam o título honorário de *"Parents De Coeur"* ("Pais de Coração") no Festival Mundial de Artes que decorrerá em Montreal entre os dias 20 e 30 de setembro.

1 Milhão para vítimas do furacão Katrina

Céline anuncia que doará 1 milhão de dólares para ajudar as vítimas do furacão Katrina que devastou a cidade norte-americana de Nova Orleães e deixou estragos de valor incalculável em vários outros locais.

■ **SÁBADO, 3 DE SETEMBRO**

Emoção em direto na CNN

Céline emociona-se em direto no especial da CNN *Larry King Live* - "How You Can Help" enquanto falava da tragédia do furacão Katrina.

Céline Dion disse:

"Eu estive lá [em Nova Orleães] algumas vezes. Ficamos lá... Filmamos vídeos lá... Eu estou tão devastada quanto o resto do mundo. ...Sim, nós demos um milhão de dólares... mas o que esperamos, o que eu quero ver como o resto do mundo... eu ligo a televisão, e ainda há pessoas lá esperando serem resgatadas. E para mim isso não é aceitável. Eu sei que há razões para isso. Desculpe dizer, talvez esteja a ser rude... mas eu não quero ouvir essas razões. Sabe, algumas pessoas estão a fazer assaltos e eles estão a dar muita importância a isso. Oh! Eles estão a roubar 20 pares de calças ou estão a levar televisores. Quem se importa? Eles não irão longe com isso. Talvez aquelas pessoas sejam tão pobres, que nunca tocaram em algo assim nas suas vidas. Deixem-nas tocar naquelas coisas por uma vez. O principal agora não são as pessoas que estão a assaltar, são as pessoas que estão largadas lá vendo helicópteros voando sobre as suas cabeças. E elas estão a rezar. Como pode ser tão fácil mandar aviões para outro país para matar toda a gente num segundo, para destruir vidas? Precisamos de servir o nosso país. E para mim, servir o país é estar lá agora mesmo para resgatar o resto das pessoas. Precisamos do dinheiro. Precisamos do sangue. Precisamos de apoio. Agora mesmo precisamos de orações. ...Quando eu estava a ouvir há alguns dias atrás que estas coisas não são possíveis, que está tudo cheio de água... Talvez esteja a exagerar... talvez não esteja a pensar com a minha cabeça, mas estou a pensar com o meu coração. Ninguém pode abrir os telhados? Os helicópteros voarem e pegarem duas pessoas de cada vez? Pegar num caiaque e entrar por aquelas paredes? Há crianças sendo violadas à noite. Ouvimos tiros, armas de grande porte, o que é isso? Aquelas pessoas estão orando, estão caminhando. Dizem assim: Oi! Vocês veem-nos? Ainda estamos vivos mas estamos a morrer! É terrível".

Como explica isso ao seu filho?

"O René-Charles sabe porque às vezes ele assiste televisão comigo e eu digo-lhe que aquelas pessoas passaram por uma grande tempestade e que ficarão bem, porque eu sei que no final elas vão ficar bem. E eu espero, todos nós estamos a rezar por elas. Eu estou tentando não mostrar para René-Charles algo tão dra-

mático. E é por isso que eu peço desculpa por chorar tanto, porque estou aguentando desde a última semana. E estou tentando dizer ao meu filho que tudo ficará bem, mas vejo aquelas mães desesperadas por lá".

Sobre doar 1 milhão de dólares:

"Eu entendo que seja muito importante porque no final precisaremos desse dinheiro, mas é simplesmente muito frustrante que... Franco e Concerts West e eu ...Oh! 1 Milhão de dólares. Isso é uma coisa. Em três meses, em seis meses eles precisarão desse dinheiro. Agora mesmo eles estão rezando por água. Então precisamos de enviar água para eles. Eles não se importam com o meu cheque. Então é simplesmente frustrante porque na nossa parte do mundo estamos tentando o nosso melhor e estamos esperando aquelas pessoas".

■ DOMINGO, 4 DE SETEMBRO

Jerry Lewis Telethon

Céline Dion canta "I'm Alive" em direto do Caesars Palace para a emissão especial *Jerry Lewis Telethon*. As receitas da emissão revertem para a Associação de Distrofia Muscular.

■ TERÇA-FEIRA, 6 DE SETEMBRO

Mãe e irmã orgulhosas

A mãe de Céline Dion e a irmã Claudette reagem, no canal LCN, às declarações de Céline na CNN: "Estamos muito orgulhosas dela. Céline disse o que toda a gente pensa".

■ QUARTA-FEIRA, 7 DE SETEMBRO

Céline recusa falar

Céline Dion recusa dar entrevistas para falar das declarações que fez no programa *Larry King Live* da CNN.

■ QUINTA-FEIRA, 15 DE SETEMBRO

Gala L'ADISQ 2005

Os álbuns *Miracle* e *A New Day... Live In Las Vegas* são nomeados na categoria "Melhor Álbum em Inglês" para os Felix, os prémios da ADISQ. Concorrem contra Céline Dion, Gregory Charles, com o álbum *Gospel Live en Noir & Blanc*, Jonas, com o álbum *Jonas* e Bob Walsh com o álbum *A Canadian Blues Rendez-vous*. A gala de entrega dos prémios decorrerá no dia 24 de outubro.

■ TERÇA-FEIRA, 20 DE SETEMBRO

So Amazing: An All-Star Tribute To Luther Vandross

É lançado o álbum de tributo a Luther Vandross, no qual Céline Dion participa com a canção "Dance With My Father".

■ QUINTA-FEIRA, 22 DE SETEMBRO

"Je Ne Vous Oublie Pas" – tracklist

O site *Fnac.fr* divulga a lista de canções do single "Je Ne Vous Oublie Pas":

1 - Je Ne Vous Oublie Pas; 2 - Sout le Vent (dueto com Garou); 3 - Je Ne Vous Oublie Pas (instrumental)

■ **SÁBADO, 24 DE SETEMBRO**

Céline fala da nova biografia

É publicada uma entrevista em que Céline Dion fala sobre o seu novo livro *Celine Dion: For Keeps*.

Você deve ter muitos momentos que são especiais para si. Como fez as seleções para *Celine Dion: For Keeps*?

Céline: *eu viajei, através da minha vida pessoal e profissional, e olhei para as coisas que continuaram na minha cabeça, que tocaram o meu coração, momentos que fizeram uma grande diferença no meu percurso... recordações preciosas.*

Qual o momento do livro em que teve de puxar mais as cordas do seu coração?

Céline: *houve uma serie de momentos que puxaram as cordas do meu coração, eu não posso escolher apenas um. Obviamente, qualquer coisa que tenha a haver com a minha mãe e com o meu pai, com as minhas irmãs e irmãos, tem um significado especial para mim... há algumas fotos maravilhosas da família toda junta, a crescer no Quebec. E todas as fotos do meu filho e do meu marido são muito queridas para mim. Ir através desses momentos é como ir no caminho estreito da memória... cada vez que eu vejo algum item, ele leva-me de volta a esse momento especial da minha vida e à emoção que eu senti naquele momento.*

***Celine Dion: For Keeps* e as lembranças que traz, subscrevem os seus muitos sucessos na vida, de casa à carreira, passando pelo trabalho de caridade. O que lhe deu mais prazer e porquê?**

Céline: *sobre minha vida profissional eu não posso dar-lhe apenas um exemplo de algo que me tenha preenchido mais... há tantos momentos, mas na minha vida pessoal foi o nascimento do meu filho René-Charles.*

Qual foi a sua parte favorita no trabalho para *Celine Dion: For Keeps*?

Céline: *Há muitas coisas que eu adorei. Trabalhar com Jenna Glatzer foi muito divertido. Nós passámos muitas noites acordadas até às 3 ou 4 da manhã a falar e a rir das histórias que me vinham à cabeça. Ela é muito simpática, e ver as nossas fotos de família, com René, especialmente escolher as do nosso filho foi realmente uma experiencia muito agradável e amorosa.*

■ QUARTA-FEIRA, 28 DE SETEMBRO

Star Académie em Las Vegas

Céline recebe em Las Vegas os concorrentes do programa quebequense *Star Académie*. Os alunos para além de assistirem a um concerto do show *A New Day* receberam concelhos de Céline Dion.

Barbra Streisand

Barbra Streisand assiste ao espetáculo *A New Day* de Céline Dion.

■ SÁBADO, 1 DE OUTUBRO

Concerto de caridade de Andre Agassi

Céline Dion participa no concerto da Fundação de Caridade de Andre Agassi que se realizou na *MGM Grand Garden Arena* em Las Vegas. Céline interpretou "I'm Alive", "Dance With My Father" e "Love Can Move Mountains".

Lançamento de For Keeps

É lançado o livro *Celine Dion: For Keeps* da autora Jenna Glatzer.

■ DOMINGO, 2 DE OUTUBRO

Céline Dion na *Star Académie*

Céline Dion interpreta pela primeira vez a canção "Je Ne Vous Oublie Pas", em direto de Las Vegas para a *Star Académie* quebequense.

■ SEGUNDA-FEIRA, 3 DE OUTUBRO

On Ne Change Pas lançado na Europa

O álbum *On Ne Change Pas* é lançado na maioria dos países europeus.

CD1

1. "Je ne vous oublie pas"
2. "Tous les secrets"
3. "Pour que tu m'aimes encore"
4. "S'il suffisait d'aimer"
5. "Sous le vent" (com Garou)
6. "Tout l'or des hommes"
7. "Je sais pas"
8. "On ne change pas"
9. "Dans un autre monde"
10. "Un garçon pas comme les autres (Ziggy)"
11. "L'amour existe encore"

12. "J'irai où tu iras" (com Jean-Jacques Goldman)
13. "Et je t'aime encore"
14. "Vole"
15. "Je lui dirai"
16. "Quand on n'a que l'amour" (live)
17. "I Believe in You" (com Il Divo)

CD2
1. "Le ballet"
2. "Contre nature"
3. "Je danse dans ma tête"
4. "Le blues du businessman"
5. "Le loup, la biche et le chevalier (une chanson douce)"
6. "D'amour ou d'amitié"
7. "Mon ami m'a quittée"
8. "Les chemins de ma maison"
9. "Ne partez pas sans moi"
10. "Je ne veux pas"
11. "Zora sourit"
12. "Destin"
13. "Tellement j'ai d'amour pour toi"
14. "Ma Nouvelle-France"
15. "Les derniers seront les premiers"
16. "Ce n'était qu'un rêve"

DVD Bónus
1. "Je ne vous oublie pas" (Clip)
2. "Si Céline m'était contée"

■ **TERÇA-FEIRA, 4 DE OUTUBRO**

On Ne Change Pas no Canadá

O álbum *On Ne Change Pas* é lançado no Canadá.

Céline Dion chega a Paris

Céline Dion chega a Paris na companhia de René Angélil e René-Charles. A família Dion ficou instalada num dos melhores e mais luxuosos hotéis de Paris, o Georges V. Esta é a primeira visita de Céline Dion a Paris desde o final de 2002.

■ QUINTA-FEIRA, 6 DE OUTUBRO

Céline Dion grava programas

Céline Dion grava uma participação no programa *Hit Machine*, no qual canta "Je Ne Vous Oublie Pas" e "Tout les Secrets" e ainda uma participação no programa *Symphonic Show* onde canta "Le Blues Du Businessman", "Je Ne Vous Oublie Pas" e "I Believe In You" com os Il Divo.

■ SEXTA-FEIRA, 7 DE OUTUBRO

Star Academy francesa

Céline Dion participa no programa francês *Star Academy* que lhe é inteiramente dedicado. Para além de "Je Ne Vous Oublie Pas" cantou ainda "Pour Que Tu M'aimes Encore", "On Ne Change Pas" e "S'il Suffisait D'aimer". O programa teve uma audiência média de 7.820.800 espetadores e picos de audiência superiores a 9 milhões. Foi o programa mais visto do dia em França.

■ SÁBADO, 8 DE OUTUBRO

Passeio de barco

Céline Dion, René-Charles e René Angélil passeiam de barco pelo rio Sena, em Paris.

Encontro de fãs

Um encontro de fãs de Céline Dion reúne mais de 70 pessoas em Paris. O encontro durou cerca de 5 horas e incluiu um jantar num restaurante.

■ DOMINGO, 9 DE OUTUBRO

Céline grava mais um programa

Céline Dion grava uma participação no programa *500 Choristes Ensemble* onde canta "L'Envie" em dueto com Johnny Halliday, "I Believe In You" em dueto com os Il Divo e ainda "Je Ne Vous Oublie Pas", "Pour Que Tu M'aimes Encore" e "S'il Suffisait D'aimer".

■ SEGUNDA-FEIRA, 10 DE OUTUBRO

Céline grava *Vivement Dimanche*

Céline Dion grava uma participação para o programa *Vivement Dimanche*, cuja transmissão ocorrerá no Natal. Céline canta "Chante", em dueto com a cantora quebequense Marilou, "I Believe In You" com os Il Divo, quer a versão francesa, quer a versão inglesa e ainda "Je Ne Vous Oublie Pas".

Emissão de solidariedade

Céline Dion participa no *Au Nom Des Autres*, uma emissão especial de solidariedade do canal France 3, onde canta "Je Ne Vous Oublie Pas".

Jacques Chirac oferece brinquedos

O presidente francês Jacques Chirac e a mulher deslocam-se ao hotel onde Céline Dion está e entregam uma caixa com brinquedos a René-Charles. Jacques Chirac foi agradecer a Céline Dion o facto de ela ter participado na emissão de solidariedade da France 3.

■ TERÇA-FEIRA, 11 DE OUTUBRO

Mais um recorde

Céline Dion bate um recorde de vendas em França ao vender 108.687 cópias do álbum *On Ne Change Pas* que dessa forma se torna na compilação mais vendida de sempre em França na primeira semana.

Às compras em Paris

Céline Dion aproveita o dia para fazer compras nas lojas mais prestigiadas de Paris.

■ QUARTA-FEIRA, 12 DE OUTUBRO

On Ne Change Pas em 1º lugar

On Ne Change Pas entra para o 2º lugar do top de vendas canadiano, com 34 mil cópias vendidas. No Quebec estreia em 1º lugar.

■ QUINTA-FEIRA, 13 DE OUTUBRO

De férias

Céline Dion deixa Paris e parte para férias.

■ SEXTA-FEIRA, 14 DE OUTUBRO

On Ne Change Pas sobe para o 1º lugar

O álbum *On Ne Change Pas* sobe para o primeiro lugar na Bélgica na sua primeira semana completa à venda.

■ DOMINGO, 16 DE OUTUBRO

"Come Together Now"

Estreia a canção "Come Together Now", que Céline Dion gravou juntamente com outros cantores para apoiar os sobreviventes do furacão Katrina. A letra foi escrita por Sharon Stone, Damon Sharpe, Mark Feist e Denise Rich.

■ SEGUNDA-FEIRA, 17 DE OUTUBRO

500 Choristes Avec...

É lançado o CD *500 Choristes Avec...* que conta com a presença de Céline Dion em 3 canções.

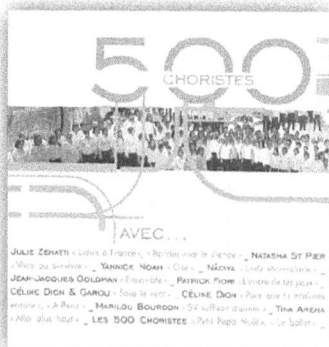

01. Julie Zenatti "Lettre a France"
02. Julie Zenatti "Rendez-moi le silence"
03. Natasha St Pier "Vivre ou survivre"
04. Yannick Noah "Ose"
05. Nâdiya "Lady Marmelade"
06. Jean-Jacques Goldman "Ensemble"
07. Patrick Fiori "L'encre de tes yeux"
08. Céline Dion & Garou "Sous le vent"
09. Céline Dion "Pour que tu m'aimes encore"
10. Céline Dion "A Paris"
11. Marilou Bourdon "S'il suffisait d'aimer"
12. Tina Arena "Aller plus haut"
13. Les 500 Choristes "Petit Papa Noël"
15. Les 500 Choristes "Le ballet"

■ TERÇA-FEIRA, 18 DE OUTUBRO

"Tout Près Du Bonheur"

Marc Dupré lança um novo álbum – *Refaire Le Monde* – que inclui um dueto com Céline Dion. "Tout Près Du Bonheur" é uma canção em que Céline escreveu a letra e ajudou na composição da música e da melodia. Foi originalmente composta para o casamento de Marc Dupré com a filha de René Angélil, mas para este álbum a letra foi refeita uma vez que era demasiada pessoal e específica na sua versão original.

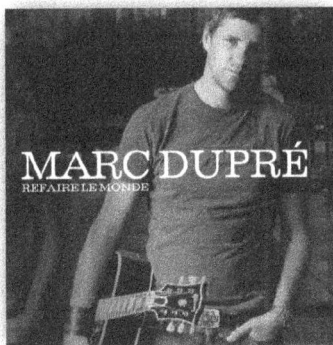

■ SEXTA-FEIRA, 21 DE OUTUBRO

On Ne Change Pas - edição especial e DVD

É lançado o DVD *On Ne Change Pas* que inclui os principais videoclips em francês de Céline Dion.

No mesmo dia é lançada uma edição especial do álbum *On Ne Change Pas* que inclui 3 CD's, contendo 50 músicas, e um DVD.

Videoclips

1. "L'amour existe encore"
2. "Je danse dans ma tête"
3. "Un garçon pas comme les autres (Ziggy)"
4. "Des mots qui sonnent"
5. "Lolita (trop jeune pour aimer)"
6. "Incognito"
7. "Fais ce que tu voudras"
8. "Pour que tu m'aimes encore"
9. "Je sais pas"
10. "Zora sourit"
11. "S'il suffisait d'aimer"
12. "On ne change pas"
13. "Sous le vent" (duet with Garou)
14. "Tout l'or des hommes"

15. "Et je t'aime encore"
16. "Contre nature"
17. "Je ne vous oublie pas"

Material Bónus

Behind the scenes and concerts... (Bastidores dos concertos)
- "Tomber/Ten days" (live à Bercy with Garou and Gérald de Palmas)
- "Les derniers seront les premiers" (live à Paris with Jean-Jacques Goldman)
- "Quand on n'a que l'amour" (live à Paris)
- Behind the scenes of *Au cœur du stade*
- Behind the scenes of *Live à Paris*

Behind the scenes of albums and videos (Bastidores dos vídeos)
- *S'il suffisait d'aimer*
- *1 fille & 4 types*
- "Contre nature"
- "Si Céline m'était contée"
- "Je sais pas" (version 2)
- "Valse adieu"
- "Ma Nouvelle-France"

■ SÁBADO, 22 DE OUTUBRO

"Ne Partez Pas Sans Moi" a 10ª melhor de sempre

"Ne Partez Pas Sans Moi" de Céline Dion é considerada a 10ª melhor canção de sempre do festival da Eurovisão. As escolhas foram feitas pelos telespetadores europeus através de chamada telefónica, na emissão especial comemorativa dos 50 anos do festival. Os ABBA, com "Waterloo", foram os grandes vencedores.

■ TERÇA-FEIRA, 25 DE OUTUBRO

Edição especial de *Titanic*

É lançado em DVD uma edição especial de *Titanic* que conta com vários extras nos quais se incluem 29 cenas nunca antes vistas, um fim diferente, diversos comentários, entrevistas e ainda o videoclip de "My Heart Will Go On" de Céline Dion.

■ QUARTA-FEIRA, 26 DE OUTUBRO

René-Charles começa as aulas

Céline Dion refere num dos seus espetáculos que René-Charles tinha começado a ter aulas em casa com um professor particular.

■ TERÇA-FEIRA, 15 DE NOVEMBRO

Memento - O novo perfume

É colocado à venda no site de Céline Dion um novo perfume, em edição limitada, de nome *Memento*.

■ SEGUNDA-FEIRA, 21 DE NOVEMBRO

Prémios NRJ Music 2006

Céline Dion é nomeada para os prémios NRJ Music 2006 na categoria "Melhor Artista Feminina Francófona". Concorrem contra Céline Dion, Tina Arena, Mylène Farmer, Jenifer e Laâm.

■ QUARTA-FEIRA, 23 DE NOVEMBRO

Aniversário do *The Oprah Winfrey Show*

Céline Dion é uma das celebridades que grava uma mensagem para o 20º aniversário do programa da Oprah Winfrey. Céline diz que se sente orgulhosa por a ter conhecido e por serem amigas e que Oprah é uma inspiração. O momento que Céline recorda melhor é o programa em que Oprah conseguiu reunir os seus treze irmãos e os pais, em 1997.

■ QUARTA-FEIRA, 30 DE NOVEMBRO

On Ne Change Pas sai do 1º lugar

Depois de 7 semanas consecutivas no 1º lugar em França, *On Ne Change Pas* desce pela primeira vez ao 2º lugar no top das compilações.

Espetáculo com Elton John e Jerry Seinfeld

É anunciado que Céline Dion se juntará a Elton John e a Jerry Seinfeld para um espetáculo único que decorrerá a 20 de fevereiro no Caesars Palace e cujas receitas reverterão para trabalhadores do grupo *Harrah's Entertainment* que foram afetados pelo furacão Katrina.

■ SEXTA-FEIRA, 2 DE DEZEMBRO

Show cancelado

Céline Dion cancela o espetáculo devido a uma infeção nas vias respiratórias.

800.000 Cópias

É anunciado que o álbum *On Ne Change Pas* atingiu as 800.000 cópias vendidas mundialmente.

■ QUARTA-FEIRA, 7 DE DEZEMBRO

Céline Dion no Canadá

Céline Dion dá uma conferência de imprensa no "Sainte-Justine University Hospital Centre" como porta-vozes da campanha de solidariedade que o hospital desenvolveu nos últimos 3 anos e que serviu para juntar a quantia de 125,4 milhões de dólares que reverterão a favor do hospital.

Céline no *L'Ecole Des Fans*

Céline Dion grava uma participação para o programa quebequense *L'Ecole Des Fans* (A Escola Dos Fãs). Sete crianças cantaram com Céline as suas músicas preferidas ("Sous Le Vent", "Destin", "J'irai Où Tu Iras" e "On Ne Change Pas").

■ QUINTA-FEIRA, 8 DE DEZEMBRO

René Angélil em torneio de blackjack

René Angélil participa num torneio de blackjack realizado num casino de Montreal com o objetivo de recolher fundos para a Fundação Céline Dion, que ajuda crianças doentes. A organização esperava recolher 250.000 dólares mas acabou por arrecadar mais de 311.000.

■ DOMINGO, 11 DE DEZEMBRO

Céline faz duplicar audiência

O programa *L'Ecole Des Fans* no qual Céline Dion participou duplica a sua audiência média e torna-se no segundo programa mais visto do ano no Quebec, com 2.560.000 espetadores.

■ SEXTA-FEIRA, 16 DE DEZEMBRO

Céline assiste a concerto

Céline Dion e René Angélil assistem, em Montreal, ao espetáculo *Noir & Blanc* do cantor Gregory Charles. Durante o espetáculo o cantor cai do palco e é transportado para o hospital. Céline e René vão até ao hospital Jewish para o apoiar.

■ **SÁBADO, 17 DE DEZEMBRO**

Miracle - o mais vendido do ano

A revista norte-americana *Billboard* lança os seus tops relativos ao período compreendido entre 1 de novembro de 2004 e 31 de outubro de 2005. *Miracle* de Céline Dion aparece como o álbum infantil mais vendido do ano e Céline Dion como a 2º artista que mais vendeu na categoria infantil.

■ **SEGUNDA-FEIRA, 19 DE DEZEMBRO**

Entrevista na Radio-Canada

O canal Radio-Canada transmite uma entrevista de 90 minutos entre Janette Bertrand e Céline Dion. A entrevista foi gravada na casa de Céline em Laval. Esta foi a primeira vez que Céline Dion abriu as portas da sua casa de Laval à comunicação social.

■ **TERÇA-FEIRA, 27 DE DEZEMBRO**

Novas certificações

A RIAA (Associação da Industria Fonográfica da América) certifica o álbum *These Are Special Times* 5x Platina e o álbum *All The Way...A Decade of Song* 7x Platina. Cada platina equivale a 1 milhão de cópias colocadas à venda nos EUA.

Rainha dos tops belgas

É lançado o livro Ultratop que declara que Céline Dion é a "rainha" dos tops belgas entre 1995 e 2005.

Céline conseguiu colocar 21 canções no top 50 da Flandres, das quais 8 chegaram ao primeiro lugar, e 25 no top 50 da Valónia, das quais 14 foram número 1, mais do que qualquer outra cantora.

■ QUARTA-FEIRA, 28 DE DEZEMBRO

Halle Berry no A New Day

A atriz Halle Berry, vencedora de um Óscar, assiste ao espetáculo de Céline Dion.

■ SEXTA-FEIRA, 30 DE DEZEMBRO

Céline no top das mais tocadas

São reveladas as canções mais tocadas em 2005 pelas rádios do tipo "Adult Contemporary". Nos EUA, Céline Dion aparece com 3 músicas no top: "Beautiful Boy" (#75); "You And I" (#82) e "In Some Small Way" (#85). No Canadá, Céline aparece na 22ª posição com "You And I".

A New Day em 3º lugar

A revista Pollstar divulga os dados relativos aos concertos/digressões mais lucrativos de 2005 na América Do Norte, e Céline Dion aparece pelo 3º ano consecutivo no pódio. Este ano desceu uma posição devido às mega-digressões dos Rolling Stones e dos U2, mas faturou mais do que em 2003 e 2004.

	#1 - Bruce Springsteen & the E Street Band - $115,9 milhões
2003	#2 - Céline Dion - $80,5 milhões
	#3 - Eagles - $69,3 milhões
	#1 - Prince - $87,4 milhões
2004	#2 - Céline Dion - $80,4 milhões
	#3 - Madonna - $79,5 milhões
	#1 - The Rolling Stones - $162,0 milhões
2005	#2 - U2 - $138,9 milhões
	#3 - Céline Dion - $81,3 milhões

2006

O ano 2006 ficou marcado por duas comemorações importantes para Céline Dion – o 25º aniversário da sua carreira e o 500º concerto do show *A New Day*.

Fez no dia 19 de junho, vinte cinco anos que Céline Dion cantou pela primeira vez num programa de televisão. Estávamos em 1981 quando Céline cantou "Ce N'était Qu'Un Rêve" no programa apresentado por Michel Jasmin. Para celebrar a ocasião os canais de televisão do Quebec dedicaram dezenas de horas a Céline Dion.

No dia 7 de maio, Céline celebrou o 500º concerto do show *A New Day* e doou as receitas a 10 instituições de solidariedade de Las Vegas em forma de agradecimento pelo sucesso do espetáculo.

Dois mil e seis foi, mais uma vez, um ano em que Céline Dion se mostrou muito solidária. Para além de participar em vários eventos de caridade e de fazer várias doações, deu a 20 de fevereiro um mega-espetáculo, na companhia de Elton John e Jerry Seinfeld, cujas receitas reverteram a favor dos trabalhadores do *Harrah's Entertainment* que foram afetados pelo furacão Katrina. Em maio, a revista Forbes considerou Céline Dion uma das 10 personalidades mais generosas de Hollywood.

Durante o ano foram ainda inauguradas duas estátuas de cera de Céline Dion. Uma no museu francês Grévin e outra no Caesars Palace de Las Vegas. No final do ano, Céline ganhou ainda uma avenida com o seu nome, localizada em Charlemagne, no Quebec.

Em termos de lançamentos, 2006 foi um dos poucos anos em que Céline Dion não lançou nenhum álbum.

■ DOMINGO, 1 DE JANEIRO

Cantora do Ano

Segundo uma sondagem feita pelo *Journal de Montreal* e pela empresa *Léger Marketing*, Céline Dion é a "Cantora do Ano" na opinião do povo do Quebec. A Sondagem foi feita entre os dias 20 e 23 de dezembro a 1.221 habitantes do Quebec.

■ TERÇA-FEIRA, 3 DE JANEIRO

On Ne Change Pas entre os mais vendidos

São divulgados os tops anuais dos álbuns e singles mais vendidos em 2005 na Suíça e *On Ne Change Pas* de Céline Dion aparece no 60º lugar (e em 3º lugar do top dos álbuns em língua francesa).

■ QUINTA-FEIRA, 5 DE JANEIRO

Céline vende 885 mil álbuns

De acordo com os dados divulgados pela *Soundscan*, Céline Dion vendeu 885 mil álbuns nos EUA em 2005. Foi a 98ª artista que mais vendeu. O seu álbum mais vendido foi *Miracle*, com 314.000 cópias.

■ SEXTA-FEIRA, 6 DE JANEIRO

Céline lança *Always Belong*

É anunciado o lançamento do perfume *Always Belong*. O novo perfume de Céline Dion vem no seguimento do bem-sucedido *Belong*, que estava a vender bem em todo o Mundo, e reflete a energia irresistível de Céline e a sua alegria de viver. Céline trabalhou em estreita colaboração com a *Coty Beauty* no desenvolvimento deste novo perfume, testando diferentes aromas, discutindo ideias de acondicionamento, os conceitos de promoção e ainda a cor do perfume. A contribuição de Céline fez parte integrante do processo de criação de *Always Belong*, que exprime uma verdadeira alegria. O entusiasmo de Céline Dion para a sua nova criação é inegável. *"Gosto deste perfume porque faz-me sorrir."* *Always Belong capta o meu amor pela criatividade e espontaneidade. Torna-me feliz e espero que torne os outros igualmente felizes"*, disse Céline Dion.

■ **QUARTA-FEIRA, 11 DE JANEIRO**

A mulher que mais dinheiro gera

O jornal *Los Angeles Times* revela uma lista com os músicos que mais dinheiro geraram nos EUA entre 1997 e 2005. A lista combina a venda de álbuns com a venda de bilhetes de concertos. Céline Dion é a cantora que mais dinheiro gerou e a única a ultrapassar a barreira dos 400 milhões de dólares.

#1 - 'N Sync - $529,6 milhões
#2 - Backstreet Boys - $520,5 milhões
#3 - Céline Dion - $517,3 milhões
#4 - Dave Matthews Band - $408,5 milhões
#5 - U2 - $376,4 milhões
#6 - The Rolling Stones - $375,4 milhões
#7 - Britney Spears - $346,7 milhões
#8 - Eminem - $333,2 milhões
#9 - Dixie Chicks - $283,6 milhões
#10 - Shania Twain: $282,8 milhões

■ **SEGUNDA-FEIRA, 16 DE JANEIRO**

Céline no filme de Astérix

Alexandre Azaria, compositor da banda sonora do filme animado *Astérix e os Vinkings*, anuncia que a canção "Tous Les Secrets" de Céline Dion fará parte da banda sonora do filme.

■ **TERÇA-FEIRA, 17 DE JANEIRO**

Estrelas no *A New Day*

Os comediantes Jerry Lewis e Max Alexander assistem ao espetáculo de Céline Dion.

■ **SÁBADO, 21 DE JANEIRO**

Prémios NJR Music – Céline não ganha

Céline Dion não ganha o prémio NJR Music para o qual estava nomeada. O prémio de "Melhor Artista Feminina Francófona" é entregue a Jenifer.

■ **SEGUNDA-FEIRA, 23 DE JANEIRO**

On Ne Change Pas com nova edição

É anunciado o lançamento de uma nova versão do álbum *On Ne Change Pas*. Esta versão será composta por um único CD e tem data de lançamento prevista para 6 de março.

Céline Dion a que mais lucrou

A revista *Billboard* divulga uma lista com os artistas que mais dinheiro geraram em 2005. A lista inclui as receitas provenientes dos concertos, álbuns, singles, DVD's e venda de produtos pela internet. Céline é a única cantora no top 10.

#1- U2 ($255.022.633,35 dólares)
#2- The Rolling Stones ($152.356.754,50)
#3- Kenny Chesney ($87.731.463,50)
#4- Paul McCartney ($84.263.375,10)
#5- Elton John ($77.150.061,65)
#6- Céline Dion ($76.137.905,65)
#7- 50 Cent ($75.351.514,85)
#8- Green Day ($71.753.415,60)
#9- Neil Diamond ($70.203.895,50)
#10- Eagles ($67.524.283,25)

■ QUARTA-FEIRA, 25 DE JANEIRO

René-Charles faz hoje 5 anos

René Charles, o filho de Céline Dion, faz 5 anos.

■ SEXTA-FEIRA, 27 DE JANEIRO

Céline no top dos mais vendidos

São divulgados os tops anuais de 2005 relativos a França. Céline Dion aparece em primeiro lugar no top das compilações com o álbum *On Ne Change Pas*. No top dos singles, "Je Ne Vous Oublie Pas" aparece em 30º lugar.

■ TERÇA-FEIRA, 31 DE JANEIRO

Calendário *A New Day* para 2006

É divulgado o calendário completo dos espetáculos de Céline Dion para 2006. No total estão previstos 155 concertos no Caesars Palace de Las Vegas.

■ DOMINGO, 5 DE FEVEREIRO

Disco de Ouro em leilão

É colocado em leilão, no site *ebay.fr*, o disco de ouro que o álbum *Miracle* recebeu em França. O dinheiro ganho com o leilão irá reverter a favor da Fundação NJR que apoia pesquisas na área das neurociências.

■ SEGUNDA-FEIRA, 6 DE FEVEREIRO

Céline Dion de cera

É inaugurada a estátua de cera de Céline Dion no museu francês Grévin. A estátua aparece vestida com a roupa que Céline usou nos concertos de 1999 no Stade De France. Dezenas de fãs estiveram presentes na inauguração.

■ SÁBADO, 11 DE FEVEREIRO

Nova data para o DVD *A New Day*

O site oficial de Céline Dion anuncia o lançamento do DVD *A New Day... Live In Las Vegas* para o final de 2006 ou início de 2007. Em comunicado o site diz que o DVD estava inicialmente para ser lançado no final de 2004 mas, que devido a muitas mudanças e melhoramentos desde a primeira filmagem do show, foi decidido que o seu lançamento seria adiado. O site diz ainda que há planos para ser lançado um DVD com as filmagens originais.

■ QUINTA-FEIRA, 16 DE FEVEREIRO

Prémios Juno 2006 – Céline nomeada

Céline Dion é nomeada para a edição de 2006 dos prémios Juno, os mais importantes da música canadiana. Céline Dion foi nomeada na categoria "Juno Fan Choice" juntamente com Diana Krall, Michael Bublé, Nickelback e Simple Plan. A entrega dos prémios decorrerá em Halifax no dia 2 de abril.

■ **SEXTA-FEIRA, 17 DE FEVEREIRO**

De Férias

Surgem as primeiras fotos das férias que Céline Dion e a família estão a ter nas Caraíbas. Céline aparece nas fotos a nadar com golfinhos, a andar de cavalo, a apanhar banhos de sol e ainda a passear pela praia.

■ **SEGUNDA-FEIRA, 20 DE FEVEREIRO**

Céline Dion com Elton John e Jerry Seinfeld

Céline Dion, Elton John e Jerry Seinfeld dão um espetáculo de solidariedade no Caesars Palace de Las Vegas. Intitulado H.E.A.R.T., o espetáculo visou juntar fundos para os trabalhadores do *Harrah's Entertainment* (grupo que detém o Caesars Palace) que foram afetados pelo furacão Katrina. Céline Dion canta sozinha "It's All Coming Back To Me Now", "Because You Loved Me", "To Love You More", "I'm Alive", "The Power of Love", "Love Can Move Mountains" e "My Heart Will Go On" e com Elton John "Sorry Seems to Be The Hardest Word" e "Saturday Night". O espetáculo, cujos bilhetes custavam entre $100 e $1.000 dólares, rendeu mais de 2,1 milhões de dólares.

■ **SEXTA-FEIRA, 24 DE FEVEREIRO**

Céline no *The View*

Céline Dion participa no programa norte-americano *The View* onde canta "My Heart Will Go On" e onde concede uma entrevista onde fala do livro *Celine Dion: For Keeps* e do seu show *A New Day*.

■ SÁBADO, 4 DE MARÇO

Prémios FIFI - *Belong* nomeado

O perfume *Belong* de Céline Dion é nomeado para 2 prémios FIFI nas categorias femininas "Melhor Embalagem" e "Fragrância do Ano". Os prémios serão entregues no dia 3 de abril em Nova York.

■ SEGUNDA-FEIRA, 6 DE MARÇO

On Ne Change Pas - 1 cd

É lançada a "versão prateada" do álbum *On Ne Change Pas* contendo apenas um CD.

■ DOMINGO, 12 DE MARÇO

Falling Into You lançado há 10 anos

O álbum *Falling Into You* comemora o seu 10º aniversário. Lançado a 12 de março de 1996, tornou-se num dos álbuns mais vendidos de sempre e é o álbum de Céline Dion de onde se extraem mais sucessos, entre eles "It's All Coming Back To Me Now", "Because You Loved Me" e "All By Myself".

■ SEGUNDA-FEIRA, 13 DE MARÇO

Fotos autografadas para solidariedade

São colocadas a leilão 2 fotos autografadas de Céline Dion cujos lucros reverterão para a campanha "Art Gives Hope", organizada pelo fotógrafo canadiano Andrew MacNaughtan, e cujo objetivo é ajudar famílias africanas pobres que vivem com sida.

5 Reportagens

O canal Radio-Canada transmite a primeira de 5 reportagens sobre a carreira de Céline Dion.

■ SÁBADO, 18 DE MARÇO

Mais estrelas no *A New Day*

O ator Anthony Hopkins e a mulher Stella Arroyave assistem ao espetáculo de Céline Dion.

■ SÁBADO, 25 DE MARÇO

3 Anos de *A New Day*

O show *A New Day* comemora o seu 3º aniversário. Este era o tempo que Céline Dion inicialmente previa ficar em cena mas o sucesso do espetáculo levou-a a prolonga-lo até ao final de 2007.

■ DOMINGO, 26 DE MARÇO

A melhor cantora de Las Vegas

Pelo segundo ano consecutivo, Céline Dion é eleita a melhor cantora pelos leitores do *Review Journal* de Las Vegas. Este ano o número de leitores que votou foi de 3.257 (um aumento de 1.110 em relação ao ano anterior). Céline Dion não esteve presente na cerimónia por estar a atuar no show *A New Day* mas deixou uma mensagem gravada que passou durante a cerimónia.

■ SEXTA-FEIRA, 31 DE MARÇO

Mensagem sobre o 500º show *A New Day*

É publicada uma mensagem de Céline Dion no seu site oficial onde ela fala da comemoração do 500º concerto do show *A New Day* que se realizará a 7 de maio e cujas receitas reverterão para 10 instituições de solidariedade de Las Vegas.

■ **DOMINGO, 2 DE ABRIL**

Prémios Juno – Céline Dion não ganha

Céline Dion não ganha o "Juno Fan Choise" para o qual estava nomeada. O prémio é ganho pelos Simple Plan.

■ **SEGUNDA-FEIRA, 3 DE ABRIL**

Astérix et les Vikings

É lançada a banda sonora do filme *Astérix et les Vikings* que contem duas canções de Céline Dion – "Tous Les Secrets" e "Let Your Heart Decide".

■ **TERÇA-FEIRA, 4 DE ABRIL**

Belong ganha prémio FIFI

A embalagem do perfume *Belong* de Céline Dion é considerada a "Melhor Embalagem de um Perfume Feminino" na 34ª gala dos prémios

FIFI, os Óscares das fragrâncias. *Belong* estava ainda nomeado na categoria de "Melhor Perfume Feminino" mas acabou por perder.

■ **QUINTA-FEIRA, 6 DE ABRIL**

A melhor atração de Las Vegas

Céline Dion é eleita, pelo segundo ano consecutivo, a "Melhor Atração de Las Vegas", na 7ª edição dos Visitors' Choise Awards, os prémios promovidos pelo *The Las Vegas Guide*. A escolha foi feita pelos visitantes de Las Vegas.

■ **QUARTA-FEIRA, 12 DE ABRIL**

Estátua em Las Vegas

Chega a Las Vegas a estátua de cera criada pelo museu francês Grévin e que ficará exposta no Caesars Palace a partir do dia 7 de maio, dia em que Céline Dion comemorará o seu 500º concerto do show *A New Day*. A estátua estará vestida com uma réplica do fato azul que Céline usou na cerimónia dos Óscares em 1998.

Céline recebe vencedoras

Céline Dion recebe no Caesars Palace duas vencedoras do programa escocês *National Lottery Jetset*. As duas vencedoras ganharam bilhetes para assistir ao show *A New Day* e ainda a oportunidade de poder estar durante alguns minutos com Céline Dion.

Vivement Dimanche

Céline Dion recebe Michel Drucker para uma entrevista que será transmitida no seu programa, *Vivement Dimanche*, do canal France 2, no dia 7 de maio.

■ SÁBADO, 15 DE ABRIL

2 Espetáculos cancelados

Céline Dion cancela os espetáculos do dia 15 e 16 devido a uma infeção respiratória que a impossibilita de cantar.

■ QUINTA-FEIRA, 20 DE ABRIL

Mais 4 shows cancelados

O site oficial de Céline Dion informa que os shows dos dias 20, 21, 22 e 23 de abril foram cancelados devido ao facto de Céline Dion ainda não ter melhorado da infeção respiratória que a estava a afetar. Para além de lhe afetar a voz, Céline sente ainda náuseas e fraqueza. O médico pediu descanso absoluto durante 5 dias.

■ DOMINGO, 23 DE ABRIL

Oferta de viagens

Várias empresas canadianas, entre elas a *Air Canada*, o *Journal de Montreal* e a revista *7 Jours* oferecem bilhetes para o espetáculo do 500º concerto do show *A New Day*.

■ SEXTA-FEIRA, 28 DE ABRIL

Céline Dion nos 400 anos do Quebec

O jornal quebequense *Le Soleil* anuncia que Céline Dion deverá participar nas comemorações dos 400 anos do Quebec. As comemorações começarão a 31 de dezembro de 2007 e só terminaram em outubro de 2008. Segundo o jornal foi Céline Dion e René Angélil que manifestaram grande interesse em participar nas comemorações.

■ **DOMINGO, 30 DE ABRIL**

Gala Artis

O canal TVA transmite a Gala Artis, na qual Céline Dion participa em direto de Las Vegas e onde canta "L'amour Existe Encore" e "Tout Près Du Bonheur", esta última em dueto com Marc Dupré que se encontrava no local da gala.

■ **SEGUNDA-FEIRA, 1 DE MAIO**

Cher substituirá Céline Dion

É anunciado que Cher será a sucessora de Céline Dion no Colosseum do Caesars Palace de Las Vegas.

■ **SÁBADO, 6 DE MAIO**

Céline no álbum do mundial de futebol

A *SonyBMG* e a *Syco* lançam o álbum oficial do Mundial de Futebol de 2006, realizado na Alemanha. O álbum, de nome *Voices*, conta com "I Believe In You" de Céline Dion e dos Il Divo.

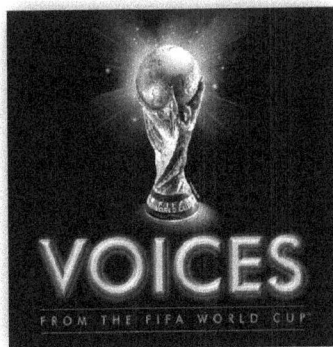

■ **DOMINGO, 7 DE MAIO**

A New Day - 500º Show

Céline Dion celebra o 500º concerto do show *A New Day* dando um espetáculo cheio de surpresas. Foi adicionada ao show a canção "All The Way", o dueto entre Céline Dion e Frank Sinatra, por substituição de "At Last" e "Fever". Para além disso, houve mudanças ao nível do visual e das roupas. O espetáculo, que tinha como objetivo angariar fundos para 10 instituições de solidariedade de Las Vegas, conseguiu juntar 1.027.450 dólares.
Apesar de se comemorar o 500º concerto, na realidade Céline Dion deu o seu 503º. Até este dia perto de 2.070.000 pessoas assistiram ao *A New Day*.
Depois do espetáculo Céline Dion inaugurou a sua estátua de cera.

■ **TERÇA-FEIRA, 9 DE MAIO**

Uma das 10 personalidades mais generosas

A revista *Forbes* divulga uma lista com as dez celebridades mais generosas de Hollywood. Sem um ranking, a compilação da revista de economia revela os famosos que mais dinheiro deram para instituições de caridade nos últimos tempos. Os dez nomes são: Céline Dion, Bono Vox, Oprah Winfrey, Angelina Jolie, Nicolas Cage, Sandra Bullock, Steven Spielberg, Paul McCartney, Arnold Schwarzenegger e Jackie Chan.

■ **DOMINGO, 14 DE MAIO**

Céline visita a mãe

Céline Dion celebra o dia da mãe na companhia da sua mãe e da sua família. À tarde vão jogar golfe para o clube *Mirage*, perto de Montreal.

■ **DOMINGO, 28 DE MAIO**

Gilbert Coullier prepara tournée

Surgem as primeiras notícias de que Gilbert Coullier (o produtor dos concertos da *Let's Talk Abour Love Tour* em França) irá preparar, em 2008, uma digressão para Céline Dion.

■ **DOMINGO, 4 DE JUNHO**

Céline Dion vai à discoteca

Céline Dion e René Angélil vão a uma festa na discoteca *Pure*, da qual são sócios.

■ **SEGUNDA-FEIRA, 5 DE JUNHO**

Céline na final do *Deal or No Deal*

Céline Dion participa, via satélite de Las Vegas, na final do programa norte-americano *Deal or No Deal*, transmitido pela NBC. Céline aparece para surpreender a concorrente que é sua fã.

Perfume *Enchanting* em setembro

É anunciado que o perfume *Enchanting* será lançado na Europa em setembro.

■ **TERÇA-FEIRA, 6 DE JUNHO**

Televisões celebram a carreira de Céline Dion

Seis canais de televisão do Quebec (TVA, Radio-Canada, ARTV, TQS, Musimax e Prise 2) começam a preparar especiais sobre os 25 anos de carreira de Céline Dion que se comemorarão a 19 de junho.

■ **QUINTA-FEIRA, 15 DE JUNHO**

Livro comemorativo dos 25 anos de carreira

A *TVA Publicações* lança um livro de 100 páginas, intitulado *Céline Dion – 25 Ans D'amour*, para comemorar os 25 anos de carreira de Céline Dion. O livro inclui entrevistas com Céline e René Angélil, fotos, comentários de alguns artistas como Garou e Marc Dupré e factos sobre a carreira de Céline.

■ **SEXTA-FEIRA, 16 DE JUNHO**

A cantora mais poderosa

A revista *Forbes* divulga a sua lista anual das personalidades mais poderosas a nível mundial. A lista é baseada no dinheiro que as celebridades ganharam nos últimos 12 meses, na quantidade de vezes que o seu nome foi pesquisado no Google, na quantidade de vezes que o seu nome foi mencionado em algumas televisões e rádios e na quantidade de vezes que a sua cara apareceu nas 26 revistas mais vendidas.
Céline Dion aparece no 24º lugar na lista geral, no 7º lugar na lista dos músicos e é a única cantora na lista. Céline ganhou 40 milhões de dólares o que a coloca no 27º lugar das personalidades que mais dinheiro ganharam.

■ **SÁBADO, 17 DE JUNHO**

A New Day termina a 15 de dezembro de 2007

René Angélil diz ao jornal *La Presse* que Céline Dion dará o último espetáculo de *A New Day* no dia 15 de dezembro de 2007.

■ **SEGUNDA-FEIRA, 19 DE JUNHO**

25 Anos de carreira

Celebra-se os 25 anos de carreira de Céline Dion. Há 25 anos atrás, no dia 19 de junho de 1981, Céline aparecia pela primeira vez na televisão, no programa apresentado por Michel Jasmin, para cantar "Ce N'était Qu'Un Rêve".

■ **QUARTA-FEIRA, 21 DE JUNHO**

Fête de la Musique

Céline Dion participa, a partir de Las Vegas, no mega festival francês *Fête de la Musique*. Para além de uma mensagem sua, foi ainda mostrada uma atuação de "Pour Que Tu M'aimes Encore".

■ **SEXTA-FEIRA, 7 DE JULHO**

A melhor entertainer

Céline Dion é eleita, pelos leitores da revista *Nevada Magazine*, a "Melhor Entertainer do Sul do Nevada".

■ **SEXTA-FEIRA, 14 DE JULHO**

Concerto de solidariedade

Céline Dion dá um concerto de solidariedade – "Céline Pour Les Enfants" - no clube de golfe *Le Mirage*, no Quebec.
Para além do concerto, foi também organizada uma partida de golfe.
No final do dia as várias iniciativas deste evento angariaram 1,5 milhões de dólares que foram distribuídos por 3 instituições: a Fundação do

Hospital Sainte-Justine, a Associação Quebequense da Fibrose Quística e a Fundação Céline Dion.

■ TERÇA-FEIRA, 18 DE JULHO

Lista da *Pollstar*

Céline Dion aparece em sexto lugar na lista da revista *Pollstar* relativa aos concertos/shows mais lucrativos na primeira metade do ano. Nos primeiros seis meses de 2006, Céline foi vista por 312.441 pessoas e teve receitas de bilheteira de 42,4 milhões de dólares.

■ SÁBADO, 29 DE JULHO

Mensagem para os *Outgames*

Céline Dion deixa duas mensagens (uma em francês e outra em inglês) para os atletas que participam na cerimónia de abertura dos primeiros *Outgames*, que se realizaram em Montreal.

Céline diz: *"Os Outgames são uma ocasião muito especial para celebrar o amor que une as pessoas, uma ocasião para celebrar o respeito pelos direitos humanos, um momento inesquecível na luta pela tolerância"*.

■ TERÇA-FEIRA, 1 DE AGOSTO

Estátua muda de penteado

A estátua de cera de Céline Dion presente no museu Grévin muda de penteado.

■ DOMINGO, 20 DE AGOSTO

René's assistem a espetáculo

René Angélil e René-Charles assistem ao espetáculo dos Blue Man Group no The Venetian, em Las Vegas.

■ QUINTA-FEIRA, 24 DE AGOSTO

René's assistem a mais um espetáculo

René Angélil e René-Charles assistem ao espetáculo de magia de Lance Burton, no casino Monte Carlo.

■ SÁBADO, 26 DE AGOSTO

A mais poderosa da música canadiana

Céline Dion é considerada, pelo site *canadianbusiness.com*, a pessoa mais poderosa da música canadiana dos últimos 12 meses. A lista tem por base o número de álbuns vendidos, a venda de bilhetes e a exposição nas rádios.

#1 - Céline Dion
#2 - Nickelback
#3 - Shania Twain
#4 - Bryan Adams
#5 - Michael Bublé

■ DOMINGO, 3 DE SETEMBRO

"Summertime" no *Jerry Lewis Telethon*

Céline Dion participa na 41ª edição anual do *Jerry Lewis Telethon*, desta vez a partir de Las Vegas. O evento é todos os anos transmitido em direto para os EUA e Canadá a partir de 190 canais de televisão e para o resto do Mundo pela Internet.
Céline Dion que nos anos anteriores apareceu através de uma gravação vídeo a cantar "I'm Alive" ou "If I Could", cantou desta vez em direto no estúdio. A canção escolhida foi "Summertime", uma canção Jazz que foi um sucesso nos EUA há vários anos atrás.

■ QUARTA-FEIRA, 6 DE SETEMBRO

Calendário A New Day

É divulgado o calendário de atuações de Céline Dion para os primeiros 3 meses de 2007.

■ SEXTA-FEIRA, 8 DE SETEMBRO

Novo álbum em francês

René Angélil revela ao *Journal de Montreal* que Céline Dion lançará um novo álbum em francês em 2007, possivelmente no final de agosto. O jornal refere que a ideia do novo álbum surgiu há quase um ano mas tem sido mantida em segredo. As letras das canções estão prontas e aprovados por Céline Dion e René Angélil. Estas foram escritas por 10 das mais conceituadas escritoras da literatura francófona, 3 do Quebec e 7 da França.
O álbum será gravado em Las Vegas, tal como aconteceu com *1 Fille et 4 Types*.

■ DOMINGO, 10 DE SETEMBRO

Tournée em 2008

O jornal australiano *The Courier Mail* diz que Céline Dion vai fazer uma grande tournée mundial após terminar o show *A New Day* em Las Vegas.

Prince em Las Vegas

O cantor Prince assiste ao show *A New Day* de Céline Dion.

■ TERÇA-FEIRA, 12 DE SETEMBRO

DVD filmado em janeiro

O site oficial de Céline Dion, revela que o DVD do espetáculo *A New Day* será filmado entre os dias 17 e 21 de janeiro de 2007.

■ **QUARTA-FEIRA, 13 DE SETEMBRO**

Prémios Felix – Céline Dion nomeada

Céline Dion recebe duas nomeações para os prémios Felix, os prémios da música quebequense. "Je Ne Vous Oublie Pas" é nomeada na categoria "Canção Popular do Ano" e Céline Dion na categoria "Cantora Do Ano".

■ **SEXTA-FEIRA, 15 DE SETEMBRO**

A New Day chega aos 300 milhões

O espetáculo *A New Day* de Céline Dion ultrapassa a barreira dos 300 milhões de dólares em receitas de bilheteira.

■ **SEGUNDA-FEIRA, 18 DE SETEMBRO**

Céline Dion ouvida no espaço

Os 12 astronautas do *Shuttle* acordam de manhã a ouvir "Ne Partez Pas Sans Moi" de Céline Dion. A canção foi dedicada ao astronauta canadiano Steve MacLean.

■ **SEXTA-FEIRA, 22 DE SETEMBRO**

Nova entrevista

O programa *The View From The Bay* do canal americano ABC 7 KGO transmite uma entrevista exclusiva com Céline Dion, feita a partir de Las Vegas.

■ SEGUNDA-FEIRA, 25 DE SETEMBRO

Linha de bonecas em 2007

É anunciado o lançamento de uma linha de bonecas *Celine Dion* para a primavera de 2007. O lançamento será limitado a no máximo 1.050 bonecas. Céline Dion participou ativamente neste projeto decidindo expressões do rosto, cor dos olhos, cor do cabelo e a roupa das bonecas.

"If I Ruled The Wolrd"

É lançado o álbum *Duets: An American Classic*, de Tony Bennett, que inclui um dueto com Céline Dion – "If I Ruled The World".

■ TERÇA-FEIRA, 26 DE SETEMBRO

Céline e Quincy Jones juntos

Céline Dion reúne-se com o produtor Quincy Jones para gravar a canção "I Knew I Loved You", um tributo ao compositor italiano Ennio Morricone. A letra da canção foi escrita por Alan e Marilyn Bergman.

■ QUINTA-FEIRA, 28 DE SETEMBRO

Shirley Maclaine em Las Vegas

A atriz Shirley Maclaine assiste ao show *A New Day* de Céline Dion.

■ QUARTA-FEIRA, 4 DE OUTUBRO

"My Heart Will Go On" nos funerais

Segundo a *Co-op*, "My Heart Will Go On" é a 2ª música mais tocada nos funerais do Reino Unido.

#1 - "Wind Beneath My Wings" de Bette Midler
#2 - "My Heart Will Go On" de Céline Dion
#3 - "I Will Always Love You" de Whitney Houston

■ SEGUNDA-FEIRA, 9 DE OUTUBRO

Novas músicas para *A New Day*

São anunciadas mudanças no show *A New Day*, entre elas a inclusão de "River Deep Mountain High" na lista de canções.

■ TERÇA-FEIRA, 10 DE OUTUBRO

Now That's What I Call Christmas

É lançado nos Estados Unidos o terceiro volume da compilação *NOW That's What I Call Christmas* contendo a canção "Feliz Navidad" de Céline Dion.

■ **SÁBADO, 14 DE OUTUBRO**

Céline confirma lançamentos

Numa entrevista para o programa americano *Extra*, Céline Dion confirma o lançamento em 2007 de um álbum em francês e outro em inglês. Depois disso espera ter um segundo filho.

■ **SEGUNDA-FEIRA, 16 DE OUTUBRO**

Calendário *A New Day* para o 2º trimestre

É divulgado o calendário de atuações do show *A New Day* para o segundo trimestre de 2007.

■ **SEGUNDA-FEIRA, 23 DE OUTUBRO**

Céline ganha um prémio SOCAN

"Tout Près Du Bonheur" recebe um prémio SOCAN, entregue pela Sociedade Canadiana de Autores, Compositores e Editores de música. O prémio distinguiu o talento dos autores e compositores da canção - Marc Dupré, Nelson Minville e Céline Dion.

■ **DOMINGO, 29 DE OUTUBRO**

Céline Dion não ganha prémio Felix

Céline Dion, que estava nomeada nas categorias "Cantora do Ano" e "Canção Do Ano" – 'Je Ne Vous Oublie Pas', não ganha nenhum prémio Felix.

■ **SEGUNDA-FEIRA, 30 DE OUTUBRO**

Nova entrevista

Céline Dion dá uma entrevista para o programa *On The Record* do canal americano Fox News.

■ **SEXTA-FEIRA, 3 DE NOVEMBRO**

Os melhores do golfe

A revista *Golf Digest* coloca Céline Dion no 62º lugar da sua lista dos 100 músicos que melhor jogam golfe.

■ **DOMINGO, 5 DE NOVEMBRO**

Família canta junta

Céline Dion e todos os seus irmãos participam no programa quebequense *On N'a Pas Toute La Soirée* onde a Maman Dion apresentou o seu novo livro. Céline apareceu a cantar num ecrã, em direto de Las Vegas, juntamente com dois dos seus irmãos que estão habitualmente com ela.

■ **SEGUNDA-FEIRA, 6 DE NOVEMBRO**

500 Choristes Avec

É lançado o segundo volume do álbum *500 Choristes Avec ...* no qual está incluída a canção "Je Ne Vous Oublie Pas" de Céline Dion.

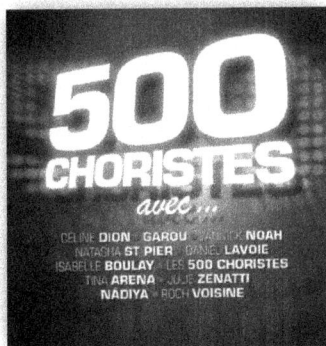

■ SEXTA-FEIRA, 10 DE NOVEMBRO

Produced by George Martin

É lançado o álbum *Produced by George Martin: Highlights of 50 years* que inclui a canção "Here, There and Everywhere" cantada por Céline Dion e produzida George Martin.

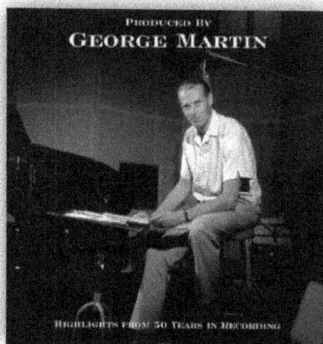

Os perfumes mais vendidos

Numa entrevista à revista *Ziarul Financiar*, Viorel Ognean, um dos gestores da *Coty Inc* revela que os perfumes de Céline Dion são os mais vendidos da *Coty*, com quota de mercado de 8%, e que são uma das duas maiores marcas do mercado dos perfumes de celebridades.

■ SÁBADO, 11 DE NOVEMBRO

Mudanças no Show *A New Day*

O espetáculo *A New Day* de Céline Dion sofre várias alterações:

- É introduzida pela primeira vez a canção "River Deep, Mountain High";
- São alteradas várias coreografias;
- São alteradas várias imagens exibidas no ecrã;
- É alterada a ordem das canções;
- São alterados alguns fatos usados por Céline Dion;

A lista de canções passou a ser a seguinte:

1. A New Day Has Come
2. The Power Of Love
3. It's All Coming Back To Me Now
4. Because You Loved Me
5. To Love You More
6. I'm Alive
7. I Drove All Night
8. Seduces Me
9. If I Could
10. Pour Que Tu M'aimes Encore
11. I Surrender
12. Ammore Annascunnuto
13. All The Way
14. I've Got The World On A String
15. I Wish
16. Love Can Move Mountains
17. River Deep, Mountain High
18. My Heart Will Go On

■ **QUARTA-FEIRA, 15 DE NOVEMBRO**

TVA confirma tournée

O canal TVA confirma oficialmente que Céline Dion fará uma mega tournée mundial em 2008.

■ **QUINTA-FEIRA, 16 DE NOVEMBRO**

3 Álbuns entre os 100 mais vendidos de sempre

É atualizada a lista dos 100 álbuns mais vendidos de sempre no Reino Unido. Céline Dion aparece na lista com 3 álbuns e é um dos 9 artistas com pelo menos 3 álbuns no top.
O álbum mais vendido pertence aos Queen, é o seu *Greatest Hits*. Robbie Williams é o artista com mais álbuns no top 100, 6 no total. Segue-se Madonna com 4 álbuns. Com 3 álbuns estão 6 artistas: The Beatles, Michael Jackson, ABBA, Oasis, Coldplay e Céline Dion.

#57 - 2.093.363 - Falling Into You
#62 - 1.984.152 - Let's Talk About Love
#77 - 1.816.915 - The Colour Of My Love

A entertainer do ano

Céline Dion ganha o prémio de "Entertainer of The Year" da revista de cinema canadiana *Movie Entertainment*. A votação foi feita pelos visitantes do site da revista. Céline escolheu doar o prémio monetário à Fundação Canadiana da Fibrose Quística.

Sobre o prémio, Céline Dion disse: *"Estou honrada por receber este prémio, particularmente por este ter sido votado pelos leitores, os fãs!... e o que o torna mais especial é que a doação será feita à minha instituição de caridade favorita, a 'Canadian Cystic Fibrosis Foundation' ... Obrigada a todos os que votaram em mim"*.

■ **SEXTA-FEIRA, 17 DE NOVEMBRO**

Rádios sul-africanas confirmam tournée

Duas rádios sul-africanas confirmam a atuação de Céline Dion na arena Coca Cola Dome, em Joanesburgo, a 14 de fevereiro de 2008. Céline participará no evento de caridade "Unite of the Stars".

■ **QUARTA-FEIRA, 29 DE NOVEMBRO**

Céline cancela shows e Billboard Music Awards

Céline Dion cancela 5 shows, de 29 de novembro a 3 de dezembro, e a sua aparição nos Billboard Music Awards, agendado para o dia 4 de dezembro, devido a uma infeção nas vias respiratórias, de nome "mycoplasma bronchitis".

■ **SÁBADO, 2 DE DEZEMBRO**

Primeiros bilhetes à venda

Os bilhetes para o concerto de Céline Dion na gala "Unite of the Stars" a 14 de fevereiro de 2008, na África Do Sul, são colocados à venda.

■ **SEGUNDA-FEIRA, 4 DE DEZEMBRO**

Céline debaixo da árvore de Natal

Céline Dion aparece a cantar "Oh Christmas Tree" por debaixo de uma árvore de Natal numa nova publicidade aos seus perfumes e às lojas *Walgreens*.

■ **QUINTA-FEIRA, 7 DE DEZEMBRO**

Céline Dion apresenta perfume *Enchanting*

Céline Dion apresenta, no *Peninsula Hotel*, situado em plena cidade de Nova Iorque, o seu novo perfume, *Enchanting*, cujo lançamento nos Estados Unidos será em março de 2007.

No evento, a *Coty Beauty* revela que os perfumes de Céline Dion estão à venda em mais de 30 países e que desde 2003, ano em que foi colocado à venda o primeiro perfume da marca, já faturaram 500 milhões de dólares.

Enquanto Céline Dion apresentava o perfume, René-Charles foi às compras com a sua tia Linda.

■ QUARTA-FEIRA, 20 DE DEZEMBRO

Datas desmarcadas

São desmarcadas várias datas do show *A New Day* relativas a fevereiro de 2007.

Céline grava 7 canções

Céline Dion grava 7 músicas para o novo álbum em francês, nos estúdios *Piccolo*, em Montreal.

■ QUINTA-FEIRA, 21 DE DEZEMBRO

D'elles – o novo álbum em francês

Céline Dion continua a gravar as 7 músicas para o novo álbum em francês, nos estúdios *Piccolo*, em Montreal.

É anunciado que o álbum chamar-se-á *D'elles*, terá 12 canções e deverá ser lançado a 22 de maio de 2007.

■ SEXTA-FEIRA, 22 DE DEZEMBRO

Aparição surpresa no concerto de Marc Dupré

Céline Dion faz uma aparição surpresa num concerto de Marc Dupré, no teatro Lionel-Groulx, em Sainte-Thérèse, e canta em dueto "Tout Près Du Bonheur".

■ QUARTA-FEIRA, 27 DE DEZEMBRO

Avenida Céline Dion

É atribuída a uma avenida de Charlemagne (Quebec) o nome "Avenida Céline Dion".

■ **SEXTA-FEIRA, 29 DE DEZEMBRO**

A New Day – o 6º mais lucrativo de 2006

A revista *Pollstar* divulga a lista das tournées/shows mais lucrativos de 2006 na América Do Norte. Céline Dion aparece em 6º lugar com mais de 78 milhões de dólares.

#1 - The Rolling Stones - $138,5 milhões
#2 - Barbra Straisand - $92,5 milhões
#3 - Tim McGraw & Faith Hill - $88,8 milhões
#4 - Madonna - $85,9 milhões
#5 - Cirque Du Soleil - Delirium - $82,1 milhões
#6 - Céline Dion - $78,1 milhões

Desde 2003, *A New Day* já acumulou 320,3 milhões de dólares em receitas de bilheteira.

■ **SÁBADO, 30 DE DEZEMBRO**

Uma das 10 mulheres mais marcantes do ano

A revista quebequense *Lundi* elege Céline Dion e a sua mãe como duas das dez mulheres que mais marcaram o Quebec em 2006.

A 4ª celebridade preferida

Uma sondagem do *Journal de Montreal* coloca Céline Dion no 4º lugar das celebridades preferidas do povo quebequense em 2006. Céline foi ainda considerada, com 15% dos votos, a melhor cantora do ano e o seu show *A New Day* o 5º melhor evento cultural do ano.

Visita a parque

Céline Dion, René Angélil e René-Charles visitam o parque *Magical Forest*, em Las Vegas.

■ DOMINGO, 31 DE DEZEMBRO

As melhores canções de sempre

A maior rádio de Portugal, a RFM, transmite as 300 melhores canções de sempre, escolhidas pelos seus ouvintes. Céline Dion aparece na lista com 3 canções: "My Heart Will Go On", em 11º lugar, "A New Day Has Come", em 84º lugar e "The Power Of Love" em 248º lugar.

#01 - U2 - One
#02 - Queen - Bohemian Rhapsody
#03 - Melanie C. - First Day Of My Life
#04 - André Sardet - Foi Feitiço
#05 - Britney Spears - Everytime
#06 - John Lennon - Imagine
#07 - Kenny G. - What a Wonderful World
#08 - Pink Floyd - Widh You Were Here
#09 - Eagles - Hotel California
#10 - Queen - We Are The Champions
#11 - Céline Dion - My Heart Will Go On
#12 - Pink Floyd - Another Brick In The Wall (Part 1)
#13 - Elvis Costelo - She
#14 - Bryan Adams - (Everything I Do) I Do It For You
#15 - U2 - With Or Without You

2007

O ano 2007 ficou marcado por duas importantes atuações de Céline Dion, uma na cerimónia dos Óscares e outra no programa *Idol Gives Back*, assim como pelo lançamento de dois novos álbuns, um em francês e outro em inglês, e pelo lançamento do DVD do espetáculo *A New Day*.

No dia 25 de fevereiro, Céline Dion cantou "I Knew I Loved You" na 79ª cerimónia de entrega dos Óscares. A canção foi uma homenagem ao compositor italiano Ennio Morricone que nessa noite recebeu o Óscar honorário.

Dois meses depois, a 25 de abril, Céline Dion surpreendeu ao cantar "If I Can Dream", ao lado do falecido Elvis Presley, no especial televisivo *Idol Gives Back*.

Em maio, foi lançado o álbum em francês *D'elles*, cujas letras das canções foram escritas por 10 conceituadas escritoras do Quebec e de França. *D'elles* tornou-se no álbum em francês mais vendido do ano por uma cantora.

Em novembro, chegou o álbum em inglês *Taking Chances* que foi acompanhado por visitas promocionais de Céline Dion a vários países europeus, aonde recebeu alguns prémios honorários, no qual se destaca o Legend Award, dos World Music Awards.

Em dezembro, foi lançado o muito esperado DVD *Live In Las Vegas: A New Day* que vinha a ser adiado desde 2005. O DVD musical tornou-se no mais vendido de sempre no Canadá e num dos mais vendidos mundialmente por uma cantora.

Dois mil e sete ficou ainda marcado pelo anúncio de várias datas da *tournée Taking Chances* e pelo final do show *A New Day* a 15 de dezembro.

■ SEGUNDA-FEIRA, 8 DE JANEIRO

Últimas datas do show *A New Day*

São divulgadas as datas do show *A New Day* para o segundo semestre de 2007. A última data é 15 de dezembro.

■ QUINTA-FEIRA, 11 DE JANEIRO

Nome das canções

É divulgado o nome de algumas das autoras das letras do álbum *D'elles* assim como o nome das suas canções.

■ TERÇA-FEIRA, 16 DE JANEIRO

René Angélil faz 65 anos

René Angélil, marido de Céline Dion, comemora o seu 65º aniversário. René nasceu em 1942 na cidade de Montreal, no Canadá.

■ QUARTA-FEIRA, 17 DE JANEIRO

Começam as filmagens do DVD

Começam as gravações do DVD do espetáculo de Céline Dion em Las Vegas. As gravações de *A New Day* decorrerão até ao próximo dia 21.

■ SEXTA-FEIRA, 19 DE JANEIRO

A 5ª mulher mais rica do entretenimento

A revista norte-americana *Forbes* coloca Céline Dion no 5º lugar na lista das mulheres mais ricas do mundo do entretenimento. Segundo a revista, a fortuna de Céline Dion é estimada em 250 milhões de dólares.

#1 - Oprah Winfrey - $1,5 biliões de dólares
#2 - J.K. Rowling - $1 bilião
#3 - Martha Stewart - $638 milhões
#4 - Madonna - $325 milhões
#5 - Céline Dion - $250 milhões
#6 - Mariah Carey - $225 milhões
#7 - Janet Jackson - $150 milhões
#8 - Julia Roberts - $140 milhões
#9 - Jennifer Lopez - $110 milhões
#10 - Jennifer Aniston - $110 milhões
#11 - Mary-Kate e Ashley Olsen - $100 milhões
#12 - Britney Spears - $100 milhões
#13 - Judge Judy (Sheindlin) - $95 milhões
#14 - Sandra Bullock - $85 milhões
#15 - Cameron Diaz - $75 milhões
#16 - Gisele Bundchen - $70 milhões
#17 - Ellen DeGeneres - $65 milhões
#18 - Nicole Kidman - $60 milhões
#19 - Christina Aguilera - $60 milhões
#20 - Renee Zellweger - $45 milhões

■ **TERÇA-FEIRA, 23 DE JANEIRO**

Céline nos Óscares a 25 de fevereiro

É anunciado que Céline Dion cantará no dia 25 de fevereiro, na 79ª edição dos Óscares, os prémios mais importantes do cinema.
Céline cantará "I Knew I Loved You", uma música produzida por Quincy Jones em tributo ao compositor italiano Ennio Morricone que nessa noite receberá um Óscar pelo seu contributo cinematográfico.
Céline Dion será acompanhada pela orquestra de Quincy Jones.

■ **QUINTA-FEIRA, 25 DE JANEIRO**

René-Charles faz 6 anos

O filho de Céline Dion celebra 6 anos de existência. René-Charles nasceu num hospital da Florida, EUA, no dia 25 de janeiro de 2001 à 01:00 da manhã. Pesava 3,2 kg e media 52 cm.

■ **SEXTA-FEIRA, 26 DE JANEIRO**

Céline entre os que geram mais dinheiro

A revista norte-americana *Forbes* divulga mais uma lista onde está incluída Céline Dion. Na lista dos cantores que mais dinheiro conseguiram gerar nos Estados Unidos durante 2006, Céline Dion aparece em 7º lugar com mais de 85 milhões de dólares.

#1 - The Rolling Stones - 150,6 milhões de dólares
#2 - Tim McGraw/Faith Hill - 132,0 milhões de dólares
#3 - Rascal Flatts - 110,5 milhões de dólares
#4 - Madonna - 96,8 milhões de dólares
#5 - Barbra Streisand - 95,8 milhões de dólares
#6 - Kenny Chesney - 90,1 milhões de dólares
#7 - Céline Dion - 85,2 milhões de dólares
#8 - Bon Jovi - 77,5 milhões de dólares
#9 - Nickelback - 74,1 milhões de dólares
#10 - Dave Matthews Band - 60,4 milhões de dólares

■ **TERÇA-FEIRA, 30 DE JANEIRO**

Preço dos bilhetes aumenta

O preço dos bilhetes do show *A New Day* para novembro e dezembro sofre um aumento. Os preços mais baixos passam de 87,5 para 100 dólares e os preços mais altos de 225 para 350 dólares.

■ **QUARTA-FEIRA, 31 DE JANEIRO**

"Avenida Céline Dion"

É apresentada oficialmente a "Boulevard Céline Dion" (em português Avenida Céline Dion).
Esta avenida de 1,5 km é um troço da auto-estrada 640 e fica situada na cidade de Charlemagne, Quebec, onde Céline Dion nasceu.

Videoclip

Céline Dion grava, em Nova Iorque, o videoclip para "Et s'il n'en restait qu'une (je serais celle-là)".

■ SEXTA-FEIRA, 2 DE FEVEREIRO

O homem do jogo

O Caesars Palace desmente o rumor de que René Angélil teria perdido 1 milhão de dólares a jogar nos seus casinos. Segundo o comunicado, em 2005 e 2006, René perdeu cerca de 230.000 dólares mas ganhou cerca de 260.000.

■ SEGUNDA-FEIRA, 5 DE FEVEREIRO

Funeral de Ben Kaye

René Angélil desloca-se a Montreal para assistir ao funeral do amigo Ben Kaye, que foi também o empresário da banda The Baronets, da qual René fez parte.

■ QUINTA-FEIRA, 8 DE FEVEREIRO

Céline Dion em evento de moda

Céline Dion assiste a um evento de moda no Bryant Park, em Nova Iorque, inserido na semana da moda *Mercedes-Benz*.

■ SÁBADO, 17 DE FEVEREIRO

D'elles – a lista de canções

É divulgada a lista de canções do álbum *D'elles*, cujo lançamento será a 22 de maio.

■ DOMINGO, 18 DE FEVEREIRO

Ben Moody compõe para Céline Dion

É anunciado que Ben Moody está a escrever e a compor para o próximo álbum em inglês de Céline Dion.

■ SEGUNDA-FEIRA, 19 DE FEVEREIRO

We All Love Ennio Morricone

É lançado o álbum *We All Love Ennio Morricone* em que vários cantores de todo o mundo cantam músicas em tributo ao compositor italiano Ennio Morricone. Céline Dion aparece no álbum com a canção "I Knew I Loved You".

■ SEXTA-FEIRA, 23 DE FEVEREIRO

Céline Dion em Hollywood

Céline Dion chega e Los Angeles e começa os ensaios de "I Knew I Loved You" para a cerimónia de entrega dos Óscares.

■ **DOMINGO, 25 DE FEVEREIRO**

Céline nos Óscares

Céline Dion canta "I Knew I Loved You" na 79ª cerimónia de entrega dos Óscares. Com esta atuação Céline torna-se na cantora que mais vezes cantou nos prémios, com um total de 6 atuações. A canção é uma homenagem ao compositor Ennio Morricone, que nessa noite recebeu o Óscar honorário.

■ **SEGUNDA-FEIRA, 26 DE FEVEREIRO**

Um dos momentos da noite

A participação de Céline Dion nos Óscares faz destaque na imprensa de todo o mundo, especialmente na quebequense.

O *Journal de Montreal* escreve: "*Na frente da fauna do cinema americano, Céline Dion teve ontem nos Óscares um desempenho magistral, muito tocante*".

Já o site da *Globo* escreve: "*Morricone recebeu o Óscar por sua carreira de mais de 50 anos, incluindo trilhas de mais de 500 produções de cinema e televisão. Após uma retrospetiva de suas mais famosas trilhas sonoras, a cantora Céline Dion interpretou a música I Knew I Loved You, num dos momentos mais emocionantes da festa.*"

■ **SEGUNDA-FEIRA, 5 DE MARÇO**

Os piores cantores

A revista britânica *Q* elege os piores e os melhores cantores da história. Segundo a revista, Mariah Carey, Céline Dion, Ozzy Osbourne e Yoko One figuram entre os piores. Sobre Céline Dion, a revista diz que ela exprime cada nota como se estivesse com raiva.
Entre os melhores estão Elvis Presley, Frank Sinatra e Aretha Franklin.

■ QUARTA-FEIRA, 14 DE MARÇO

D'elles – a capa

É divulgada a capa do álbum *D'elles*.

Documentário sobre René Angélil

É apresentado no Cinéma Imperial, em Montreal, um documentário sobre a vida musical de René Angélil. No documentário, de 92 minutos, são retratadas as grandes etapas da sua vida e carreira.

A apresentação contou com cerca de 700 amigos e colaboradores, entre eles Ginette Reno, Julie Snyder e Luc Plamondon. Os filhos de René Angélil também estiveram presentes. A exceção foi René-Charles que ficou em Las Vegas com Céline Dion. René Angélil foi aplaudido de pé durante vários minutos ao entrar no cinema.

Problemas nas vias respiratórias

Céline Dion cancela os espetáculos do dia 14 e 15 devido a uma infeção das vias respiratórias superiores.

■ SEXTA-FEIRA, 16 DE MARÇO

René fala da tournée

René Angélil diz ao programa *Flash* que a tournée de Céline Dion começará a 14 de fevereiro, na África Do Sul, e que deverá terminar um ano depois, a 14 de fevereiro de 2009. Depois disso, René Angélil e Céline Dion gostariam muito de ter um segundo filho.

■ SEGUNDA-FEIRA, 19 DE MARÇO

Tributo ao médico

Céline Dion presta tributo, através de uma mensagem em vídeo, ao trabalho humanitário do Dr. Réjean Thomas, durante o evento anual de beneficência dos Médicos do Mundo, realizado em Montreal.

Spring In Paris

É lançado pela *Avon* o perfume *Spring In Paris*.

■ TERÇA-FEIRA, 20 DE MARÇO

Na Disneyland

Céline Dion visita a *Disneyland* da Califórnia juntamente com o seu filho René-Charles e com o seu marido René Angélil.

Novo single

É divulgada a lista de canções e a capa do single "Et S'il n'en restait qu'une (je serais celle-là)".

■ QUARTA-FEIRA, 21 DE MARÇO

Mosaico

O hospital quebequense Sainte-Justine, que em 2007 festeja o seu 100º aniversário, revela um mosaico em homenagem a Céline Dion, que tem ajudado o hospital ao longo dos anos.

O mosaico é composto por 2.007 imagens de crianças, que todas juntas formam uma única e nova imagem de Céline Dion e René-Charles. Este trabalho é a maior colagem de fotos de crianças alguma vez feita no mundo. Para obter este resultado final, o fotógrafo Richère David tirou cerca de 12.000 fotografias a crianças. A criança mais nova tem 23 horas de vida e a mais velha 17 anos. Foram cerca de 4.150 horas de trabalho durante os últimos 18 meses. As crianças provêm de 300 cidades e vilas de todos os cantos do Quebec.

■ SÁBADO, 24 DE MARÇO

3 Prémios

Céline Dion ganha três prémios na 26ª gala dos "Best Of Las Vegas Awards". Estes prémios são organizados pelo *Review Journal* e distinguem o melhor que há em Las Vegas em várias categorias. A escolha dos vencedores é feita pelos leitores do jornal.

Céline Dion ganhou pelo 4º ano consecutivo o prémio de "Melhor Cantora" e pela primeira vez o prémio de "Melhor Desempenho". O show *A New Day* ganhou ainda o prémio para "Melhor coreografia para um show".

Céline Dion não esteve presente na cerimónia por estar de férias mas deixou uma mensagem de vídeo gravada.

■ DOMINGO, 1 DE ABRIL

O melhor site do ano

O site oficial de Céline Dion é considerado pela revista quebequense *Le Palmarès* como o melhor site do ano de um artista.

■ SEGUNDA-FEIRA, 2 DE ABRIL

Estreia do videoclip

O canal quebequense TVA transmite pela primeira vez o videoclip de "Et S'il n'en restait qu'une (je serais celle-là)".

■ **TERÇA-FEIRA, 3 DE ABRIL**

Always Belong nomeado

O perfume *Always Belong* de Céline Dion é nomeado para um prémio FIFI, os mais importantes da indústria dos perfumes, na categoria "Melhor Perfume Feminino". Os vencedores serão conhecidos a 31 de maio, em Nova Iorque.

■ **QUINTA-FEIRA, 5 DE ABRIL**

Céline grava videoclip

Céline Dion grava um videoclip para a canção *Immensité*. As filmagens decorreram no lago Mead, em Las Vegas.

■ **DOMINGO, 8 DE ABRIL**

Filme sobre Céline Dion

Começa a ser filmado no Canadá um filme sobre a vida de Céline Dion. O filme, produzido para o canal canadiano CBC, não teve a aprovação de René Angélil.

■ **SÁBADO, 14 DE ABRIL**

Novas canções

A rádio francesa Chérie FM transmite um especial de uma hora sobre Céline Dion, no qual dá a conhecer, em exclusivo mundial, duas novas canções do álbum *D'elles*.

■ SEGUNDA-FEIRA, 16 DE ABRIL

Lançamento de "Et S'il Ne Restait Qu'une"

É lançado em França o single "Et S'il n'en restait qu'une (je serais celle-là)".

■ SEXTA-FEIRA, 20 DE ABRIL

Prato para caridade

São colocados em leilão mais de 30 pratos desenhados e autografados por celebridades, entre elas Céline Dion. Os lucros do leilão revertem a favor dos doentes que sofrem da doença de Parkinson no Canadá.

■ TERÇA-FEIRA, 24 DE ABRIL

Single #1 em França

O single "Et S'il n'en restait qu'une (je serais celle-là)" entra diretamente para o primeiro lugar do top de vendas em França. É o 5º single de Céline Dion a atingir o primeiro lugar. Antes conseguiram-no:

1995 - Pour Que Tu M'aimes Encore (12 semanas em 1º lugar)
1995 - Je Sais Pas (7 semanas em 1º lugar)
1998 - My Heart Will Go On (13 semanas em 1º lugar)
2001 - Sous Le Vent (3 semanas em 1º lugar)

■ QUARTA-FEIRA, 25 DE ABRIL

Céline Dion canta com Elvis Presley

Céline Dion surpreende ao cantar com Elvis Presley no especial televisivo *Idol Gives Back*, do canal Fox. Céline cantou "If I Can Dream", uma canção de Elvis Presley, e fê-lo em dueto com ele próprio. Isto só foi possível recorrendo a uma tecnologia muito avançada, uma vez que Elvis já morreu há muitos anos. Para se produzir o vídeo, recorreu-se a uma gravação de 1968, ano em que Céline Dion nasceu, e "apagou-se" o fundo onde Elvis cantava de modo a permitir que a imagem de Elvis pudesse ser enquadrada no estúdio do *Idol Gives Back*. Estima-se que os custos para produzir este momento televisivo tenham sido superiores a 50.000 dólares.

■ DOMINGO, 29 DE ABRIL

7 Concertos em França

O jornal *Le Parisien* confirma 7 concertos de Céline Dion em França para 2008, seis em Paris e um em Nice.

■ TERÇA-FEIRA, 1 DE MAIO

D'elles cancelado em vários países

O lançamento do álbum *D'elles* é cancelado em alguns países não francófonos devido à previsão do lançamento de um álbum em inglês de Céline Dion para o final do ano.

■ QUINTA-FEIRA, 3 DE MAIO

Céline Dion na China

Céline Dion diz à apresentadora chinesa Yang Lan que dará três concertos na china em 2008.

■ SEXTA-FEIRA, 4 DE MAIO

Mensagem de Céline Dion

É transmitida, no canal TF1, uma mensagem de Céline Dion num especial de TV dedicado ao jovem cantor Grégory Lemarchal que faleceu dias antes vítima de fibrose quística.

Mensagem para Larry King

Céline Dion deixa uma mensagem a Larry King, numa emissão especial dedicada aos 50 anos de carreira do apresentador.

■ SEGUNDA-FEIRA, 7 DE MAIO

Dueto com Claude Dubois

Claude Dubois lança o álbum de duetos *Duos Dubois*, que inclui "Si Dieu Existe", um dueto com Céline Dion.

■ QUINTA-FEIRA, 10 DE MAIO

3 Concertos na Bélgica

São anunciados 3 concertos de Céline Dion na Bélgica para maio de 2008.

■ SEXTA-FEIRA, 11 DE MAIO

Gravação de 2 especiais de TV

Céline Dion grava, em Montreal, dois especiais de TV sobre o álbum *D'elles*. Um para o canal quebequense TVA e outro para o canal francês TF1. As gravações continuam no dia 12.

■ SÁBADO, 12 DE MAIO

Videoclip de "Immensité"

É divulgado o videoclip da canção "Immensité".

■ TERÇA-FEIRA, 15 DE MAIO

Concertos em Montreal

São anunciados concertos de Céline Dion em Montreal, inseridos na sua próxima tournée.

■ QUINTA-FEIRA, 17 DE MAIO

"Le Temps Qui Compte" nas rádios

A canção "Le Temps Qui Compte" é lançada nas rádios polacas.

■ SEGUNDA-FEIRA, 21 DE MAIO

Lançamento de *D'elles*

O álbum *D'elles* é lançado na maioria dos países europeus.

Céline Dion dá uma conferência de imprensa em Las Vegas onde apresenta o álbum e fala dos futuros projetos.

CD

1. "Et s'il n'en restait qu'une (je serais celle-là)"
2. "Immensité"
3. "A cause"
4. "Je cherche l'ombre"
5. "Les paradis"
6. "La diva"
7. "Femme comme chacune"
8. "Si j'étais quelqu'un"
9. "Je ne suis pas celle"
10. "Le temps qui compte"
11. "Lettre de George Sand à Alfred de Musset"
12. "On s'est aimé à cause"
13. "Berceuse"

Bónus DVD

1. "Céline parle d'elle(s)"

Especial *D'elles* na TVA

O canal TVA transmite um especial dedicado ao álbum *D'elles*, onde Céline Dion canta várias canções do álbum e fala sobre o projeto.

■ **SEXTA-FEIRA, 25 DE MAIO**

650º Concerto *A New Day*

Céline Dion dá o seu 650º concerto do show *A New Day*. Desde a abertura, em março de 2003, Céline foi vista por 2,5 milhões de pessoas, uma marca alcançada por Elvis Presley com os seus 837 concertos dados entre 1969 e 1976 num outro casino de Las Vegas.

Hillary escolhe "You And I"

Hillary Clinton anuncia, através de um vídeo, que "You and I" de Céline Dion será a canção oficial da sua campanha *eleitoral*.

■ **SEXTA-FEIRA, 1 DE JUNHO**

Direto para o 1º lugar

O álbum *D'elles* entra diretamente para o primeiro lugar do top de vendas do Canadá, da França e da Bélgica e para o terceiro lugar na Suíça. No Canadá vende 72.200 cópias na primeira semana, mais do que qualquer outro álbum lançado em 2007 até então.

■ **SÁBADO, 9 DE JUNHO**

Especial de TV cheio de duetos

O canal francês TF1 transmite um especial de TV dedicado a Céline Dion. Céline canta onze canções, três do novo álbum e ainda oito duetos com artistas franceses:

Et S'il N'en Restait Qu'une
À Cause
Immensité

Staying Alive, com Vitaa, Shy'm e Amel Bent
L'hymne à l'amour, com Maurane e Johnny Hallyday
Blueberry Hill, com Johnny Hallyday

The Show Must Go On, com Christophe Maé e David Hallyday
My Heart Will Go On, com Lââm e Amel Bent
Caroline, com McSolar e Nolween Leroy
Être à La Hauteur, com Merwann Rim e Christophe Maé
Caruso, com Florent Pagny

■ **SEXTA-FEIRA, 15 DE JUNHO**

As celebridades mais influentes

A revista *Forbes* coloca Céline Dion em 20º lugar na lista das celebridades mais influentes de Hollywood. Céline é ainda a 6ª pessoa ligada à música com mais influência. A lista é elaborada tendo por base os seguintes fatores relativos aos últimos 12 meses: dinheiro ganho; número de vezes em que a personalidade é mencionada nas notícias do Google; número de vezes em que a cara da personalidade aparece na capa de 32 das maiores revistas; número de vezes em que o nome da personalidade é mencionado em algumas televisões e rádios.

■ **SÁBADO, 16 DE JUNHO**

Neil Diamond em Las Vegas

O cantor americano Neil Diamond assiste ao espetáculo *A New Day* de Céline Dion.

■ **SEGUNDA-FEIRA, 18 DE JUNHO**

Começam as obras na casa

Começam as obras na casa que Céline Dion comprou na Florida em 2005. A construção da casa está previsto custar 3,2 milhões de dólares.

■ **QUARTA-FEIRA, 20 DE JUNHO**

O mais esperado do ano

A revista indiana *The Record Magazine* considera o próximo álbum em inglês de Céline Dion como o álbum internacional mais esperado de 2007 na Índia.

■ **SEGUNDA-FEIRA, 25 DE JUNHO**

Super Fã

Céline Dion encontra-se com uma super fã, de nome Ramona Almirez, que até aquele momento já tinha assistido ao show *A New Day* 100 vezes.

■ **DOMINGO, 1 DE JULHO**

Jovem acorda do coma com Céline Dion

Uma jovem italiana de 20 anos, em coma desde o dia 4 de abril, acorda no momento em que a canção "The Power Of Love" de Céline Dion era tocada no quarto onde estava hospitalizada.

■ **SEGUNDA-FEIRA, 2 DE JULHO**

Prémios Chérie Fm – Céline nomeada

Céline Dion é nomeada em três categorias para os prémios da rádio francesa Chérie Fm. O álbum *D'elles* concorre na categoria "Álbum do Ano", a canção "Et S'il n'en Restait Qu'un" na categoria "Canção Francesa Do Ano" e Céline Dion na categoria "Artista Feminina Do Ano". Os vencedores serão revelados a 5 de novembro.

■ **QUINTA-FEIRA, 5 DE JULHO**

Céline grava para o novo álbum

Céline Dion grava, em Las Vegas, músicas para o novo álbum em inglês, uma delas escrita por Robert Wells.

■ **TERÇA-FEIRA, 10 DE JULHO**

O orgulho dos quebequenses

Segundo um estudo quebequense, em que foi perguntado às pessoas de que sucesso internacional têm mais orgulho, Céline Dion aparece em 2º lugar, com quase 25% dos 23.000 votos, e só atrás do Cirque Du Soleil.

■ **SEGUNDA-FEIRA, 16 DE JULHO**

De férias com a família

Céline Dion encontra-se de férias nas Bahamas juntamente com a família mais próxima.

■ **TERÇA-FEIRA, 17 DE JULHO**

A cantora que mais dinheiro gera

A revista norte-americana *Pollstar* divulga a lista dos 100 artistas que mais dinheiro geraram na primeira metade de 2007 com os seus concertos.

Céline Dion surge em 4º lugar com 41,8 milhões de dólares amealhados com o show *A New Day*. Foi a cantora que mais dinheiro gerou.

#01 - Rod Stewart - $48,1 milhões de dólares
#02 - Justin Timberlake - $42,3 milhões
#03 - The Police - $41,9 milhões
#04 - Céline Dion - $41,8 milhões
#05 - Kenny Chesney - $33,2 milhões
#06 - Roger Waters - $30,9 milhões
#07 - Christina Aguilera - $30,6 milhões
#08 - Cirque Du Soleil "Delirium" - $30,0 milhões
#09 - Eric Clapton - $25,8 milhões
#10 - Josh Groban - $24,4 milhões

■ QUARTA-FEIRA, 18 DE JULHO

Mais de 100 concertos

A revista norte-americana *Billboard* diz que a tournée de Céline Dion terá mais de 100 concertos.

■ SÁBADO, 28 DE JULHO

Céline Dion – a apresentadora

Céline Dion grava uma emissão especial do programa quebequense *Le Banquier*, no qual faz de apresentadora.

■ QUINTA-FEIRA, 2 DE AGOSTO

Nicolas Sarkozy fã de Céline Dion

Numa entrevista a um jornal francês, o novo presidente da república francesa, Nicolas Sarkozy, confessa que tem no seu iPod canções de Céline Dion e de Elvis Presley.

■ SÁBADO, 4 DE AGOSTO

Mini concerto

Céline Dion dá um mini concerto no Centre Bell, em Montreal, em homenagem às crianças hospitalizadas no Sainte-Justine Hospital e em celebração do 100º aniversário do hospital.
Perante 15 mil pessoas, Céline Dion cantou:

Tout près du bonheur (com Marc Dupré)
S'il suffisait d'aimer
Immensité
Sous le vent (com Garou)
Si dieu existe (com Claude Dubois)
Quand on n'a que l'amour

■ **SEXTA-FEIRA, 10 DE AGOSTO**

The Woman in Me

O jornal americano *USA Today* avança que o novo álbum em inglês de Céline Dion chamar-se-á *The Woman In Me* e que conta com a colaboração de Linda Perry, Ben Moody, Dave Stewart, John Shanks, Kara Dio-Guardi, Kristian Lundin, Anders Bagge e Peer Astrom.

■ **SEGUNDA-FEIRA, 13 DE AGOSTO**

Paris Nights

É lançado pela *Avon* o perfume *Paris Nights*.

■ **TERÇA-FEIRA, 14 DE AGOSTO**

Fã brasileira

A cantora brasileira Tânia Mara revela, numa entrevista a um canal português, que Céline Dion é a sua cantora preferida.

■ **SEGUNDA-FEIRA, 20 DE AGOSTO**

As canções do novo álbum

Cerca de 100 fãs de Céline Dion assistem a uma apresentação do seu novo álbum em inglês e são convidados a ouvir e a avaliar as canções. O evento decorreu no Caesars Palace, em Las Vegas, e foi dirigido por René Angélil. O novo nome do álbum passa a ser *Taking Chances*.

As 14 canções apresentadas foram:

Taking Chances
Alone
Shadow of Love
A Song for You
This Time
Surprise, Surprise
Can't Fight the Feeling
Let me Be Your Soldier
Eyes On Me
My Love
World to Believe In
Right Next to the Right One
Just Fade Away
That's Just the Woman in Me

■ **TERÇA-FEIRA, 21 DE AGOSTO**

O 3º single no Quebec

"On s'est Aimé à Cause" torna-se no terceiro single do álbum *D'elles* a ser enviado para as rádios quebequenses.

■ **SÁBADO, 1 DE SETEMBRO**

Capa do álbum

É divulgada a capa do álbum *Taking Chances*.

■ **DOMINGO, 2 DE SETEMBRO**

Jerry Lewis Telethon

Uma mensagem em vídeo de Céline Dion e o vídeo da canção "I Drove All Night", do show *A New Day*, passam na edição anual do *Jerry Lewis Telethon*.

■ **QUARTA-FEIRA, 5 DE SETEMBRO**

Nova capa

É divulgada uma nova capa para o álbum *Taking Chances*.

■ **QUINTA-FEIRA, 6 DE SETEMBRO**

Morre Luciano Pavarotti

Morre o tenor italiano Luciano Pavarotti, com quem Céline Dion teve a oportunidade de gravar um dueto e de cantar ao vivo.

■ **SÁBADO, 8 DE SETEMBRO**

René fala sobre Pavarotti

René Angélil reage à morte de Luciano Pavarotti:

"Falávamos uma vez por ano. Ele gostava muito da Céline. E nós também gostávamos muito dele. (...) Nós tivemos a chance de o conhecer e de passar bons momentos juntos. Ele vai-nos fazer falta.

Nós vamos ligar à sua mulher, é certo. Vamos-lhe dizer que estamos com ela, que pensamos nela. Vamos-lhe desejar muita coragem. Pensamos sobretudo na sua pequena filha, Alice..."

■ SEGUNDA-FEIRA, 10 DE SETEMBRO

Baile de máscaras

Céline Dion e René Angélil organizam um baile de máscaras para todas as pessoas envolvidas no show *A New Day*, incluindo dançarinos e equipa técnica.

■ QUARTA-FEIRA, 12 DE SETEMBRO

DVD em dezembro

É anunciado o lançamento do DVD do show *A New Day* para o dia 11 de dezembro e a divulgação da lista dos concertos da tournée mundial para o dia 15 de outubro.

Portugal na lista

O site da *Event Travel* divulga uma lista com as datas e os locais da tournée mundial de Céline Dion, onde se inclui o Estádio de Alvalade, em Lisboa, no dia 15 de julho de 2008.

■ SEXTA-FEIRA, 14 DE SETEMBRO

Prémios Felix – Especial de TV nomeado

São divulgados os nomeados aos prémios Felix, os mais importantes do Quebec. Céline Dion não recebe nenhuma nomeação contudo o seu especial de TV "Céline: 25 Ans D'amour, 25 Ans De Télé" é nomeado na categoria "Programa Musical de Televisão do Ano".
A cerimónia de entrega dos prémios decorrerá a 23 de outubro.

■ SEGUNDA-FEIRA, 17 DE SETEMBRO

Céline grava videoclip de "Taking Chances"

Céline Dion inicia o primeiro de três dias de gravações do videoclip para a música "Taking Chances".

O produtor do vídeo é Paul Boyd (responsável por grande parte dos videoclips de Shania Twain, entre eles, "From This Moment On", "That Don't Impress Me Much", "Man! I Feel like a Woman!", entre outros).

■ **SEXTA-FEIRA, 21 DE SETEMBRO**

Os melhores momentos dos Grammys

A interpretação de "My Heart Will Go On" por Céline Dion, nos Grammys de 1999, foi nomeada um dos 50 melhores momentos da história dos prémios. Uma votação irá decorrer para eleger as 5 melhores atuações.

Os que mais ganharam na música

A revista *Forbes* publica a sua lista anual dos músicos que mais dinheiro ganharam entre junho de 2006 e junho de 2007. Céline Dion aparece na lista em sexto lugar.

#01 - Rolling Stones - 88 milhões de dólares
#02 - Jay-Z - 83 milhões de dólares
#03 - Madonna - 72 milhões de dólares
#04 - Bon Jovi - 67 milhões de dólares
#05 - Elton John - 53 milhões de dólares
#06 - Céline Dion - 45 milhões de dólares
#07 - Tim McGraw - 37 milhões de dólares
#08 - 50 Cent - 33 milhões de dólares
#09 - U2 - 30 milhões de dólares
#10 - Sean (Diddy) Combs - 23 milhões de dólares

■ **DOMINGO, 23 DE SETEMBRO**

Apresentadora por um dia

É transmitido no canal quebequense TVA o programa *Le Banquier* no qual Céline Dion faz de apresentadora.

O programa conseguiu angariar 212 mil dólares que foram distribuídos por duas fundações - a Fundação do Hospital Sainte-Justine e a Fundação para a Investigação da Medula Espinal.

■ SEGUNDA-FEIRA, 24 DE SETEMBRO

Canção nos anúncios da série *Moonlight*

A canção "Taking Chances" de Céline Dion é usada nos anúncios publicitários da série *Moonlight*, do canal americano CBS.

■ SEGUNDA-FEIRA, 1 DE OUTUBRO

These Are Special Times CD + DVD

É lançada uma nova edição do álbum *These Are Special Times*, contendo, para além do álbum original, um DVD com o especial de TV que Céline gravou para a CBS em 1998.

■ QUINTA-FEIRA, 4 DE OUTUBRO

Infeção viral

Céline Dion cancela os seus concertos do dia 4 e do dia 5 devido a uma infeção viral. Céline estava com uma gastroenterite o que lhe provocou febre, dores musculares, desidratação e outros desconfortos.

■ SÁBADO, 6 DE OUTUBRO

Na capa da *Billboard*

Céline Dion aparece na capa da revista *Billboard*, à qual dá uma entrevista e fala do novo álbum. A revista divulga ainda pormenores sobre a promoção do álbum, que inclui um especial de TV para a CBS.

Mais concertos cancelados

Céline Dion cancela os seus espetáculos do dia 6 e dia 7 por ainda não se encontrar melhor.

■ SÁBADO, 13 DE OUTUBRO

"Taking Chances" nas rádios portuguesas

A canção "Taking Chances" começa a tocar em algumas rádios portuguesas.

■ DOMINGO, 14 DE OUTUBRO

Céline entrega prémio

Céline Dion entrega, em Las Vegas, o prémio "Musican Teacher of the Year" a Bernad Hébert.

■ TERÇA-FEIRA, 16 DE OUTUBRO

Céline festejará os 400 anos do Quebec

É anunciado oficialmente que Céline Dion dará um concerto gratuito no dia 22 de agosto de 2008, nas planícies de Abraham, inserido nas comemorações dos 400 anos do Quebec.

■ QUARTA-FEIRA, 17 DE OUTUBRO

Videoclip de "Taking Chances"

É divulgado o videoclip de "Taking Chances".

■ **QUARTA-FEIRA, 24 DE OUTUBRO**

Céline Dion grava o *The Oprah Winfrey Show*

Céline Dion grava uma emissão do programa *The Oprah Winfrey Show*, cuja transmissão será a 12 de novembro nos EUA.

Nova entrevista

O programa americano *Access Hollywood* transmite uma entrevista com Céline Dion, onde ela fala de Las Vegas, do novo álbum e de um segundo filho.

■ **QUINTA-FEIRA, 25 DE OUTUBRO**

Mais datas para a tournée *Taking Chances*

São anunciadas nove datas da tournée de Céline Dion para a Alemanha, Dinamarca, Suécia e Áustria.

Céline no Reino Unido

Céline Dion chega ao Reino Unido, na companhia da família, para iniciar a promoção do seu novo álbum.
O plano promocional de *Taking Chances* na Europa inclui, entre outros, os seguintes eventos:

No Reino Unido:
  - X-Factor (ITV)
  - BAFTA Awards (ITV)
  - Saturday Night Divas (ITV) - a 3 de novembro
  - An Audience With Céline Dion (ITV)

Em França:
  - Star Academy (TF1) - ao vivo a 2 de novembro
  - Céline Dion Special (France 2) - gravação a 3 de novembro
  - Vivement Dimanche (France 2) - gravação a 5 de novembro
  - La Méthode Cauet (TF1) - a 8 de novembro
  - Hit Machine (M6) - a 10 de novembro (gravação a 2 de novembro)

- Les Etoiles Cherie FM - TV (NJR12) - a 19 de novembro
- Tous pour la musique (France 2) - a 21 de novembro
- TF1 Journal Télévisé de 20h00 (TF1)
- Emission Spécial "Les Divas" (France 2)
- Sacrée Soirée (TF1)

Na Rádio:
- (Tendance Ouest) - ao vivo a 3 de novembro
- Les Etoiles Cherie FM (Cheri FM) - ao vivo a 5 de novembro
- 6/9 (NJR) - ao vivo a 5 de novembro

No Mónaco:
- World Music Awards - gravação a 4 de novembro

Em Itália:
- Domenica In (Rai Uno) - gravação a 7 de novembro

Na Alemanha:
- Wetten Dass (ZDF) - ao vivo a 10 de novembro

A 3ª melhor do golfe

A revista *Golf For Women* publica uma lista com as 25 celebridades femininas que melhor jogam golfe. Céline Dion aparece em 3º lugar, atrás da atriz Tea Leoni e da líder, a cantora Anne Murray.

■ SÁBADO, 27 DE OUTUBRO

"Taking Chances" pela primeira vez

Céline Dion canta pela primeira vez ao vivo a canção "Taking Chances", no programa britânico *X-Factor*.

■ DOMINGO, 28 DE OUTUBRO

Às compras em Londres

Céline Dion, René Angélil e René-Charles fazem compras em várias lojas de Londres.

■ QUINTA-FEIRA, 1 DE NOVEMBRO

Céline Dion em Paris

Céline Dion chega de manhã a Paris e dirige-se para o hotel George V onde vai ficar nos próximos dias.

■ SEXTA-FEIRA, 2 DE NOVEMBRO

Céline no jornal da noite

Céline Dion dá uma entrevista para o jornal da noite do canal francês TF1.

Céline Dion na Star Academy

Céline Dion participa no programa francês *Star Academy*, onde canta "Taking Chances", "Immensité" e "J'irai Où Tu Iras".

■ DOMINGO, 4 DE NOVEMBRO

Novas entrevistas

Os jornais *Le Parisien* e *Le Matin* publicam novas entrevistas com Céline Dion, onde ela fala sobre Las Vegas, dos novos álbuns, da tournée e do futuro.

Legend Award

Céline Dion é condecorada nos World Music Awards com o Legend Award, pela sua contribuição para a música mundial. Na cerimónia, realizada no Mónaco, Céline ainda cantou "Taking Chances".

■ SEGUNDA-FEIRA, 5 DE NOVEMBRO

Prémio honorário

Céline Dion participa na cerimónia de entrega dos prémios da rádio Chérie FM. Céline, que estava nomeada em três categorias, acaba por não vencer em nenhuma, mas é-lhe entregue um prémio honorário.

■ QUARTA-FEIRA, 7 DE NOVEMBRO

Datas da tournée

É divulgada a lista oficial com as datas dos concertos que Céline Dion dará com a sua tournée mundial. Portugal, Espanha e Nova Zelândia, cujas datas apareciam numa lista anterior, ficam de fora.

Céline em Itália

Céline Dion faz uma rápida visita a Itália, onde dá várias entrevistas e grava uma participação num programa, onde canta "Taking Chances" e "I Knew I Loved You".

■ QUINTA-FEIRA, 8 DE NOVEMBRO

Conteúdo do DVD

É divulgado o conteúdo do DVD do espetáculo *A New Day*, cujo lançamento será a 11 de dezembro.

Antestreia

Decorre num teatro de Amesterdão a exibição do concerto do DVD *A New Day*, que contou com a presença de mais de 100 fãs.

■ SÁBADO, 10 DE NOVEMBRO

Nova casa no Quebec

Céline e René compram um chalé no Quebec, mais precisamente em Notre-Dame-de-la-Merci.

A casa fica situada num terreno de 180 metros quadrados junto ao lago Ouareau e custou quase dois milhões de dólares.

Mensagem para Portugal

Céline Dion deixa uma breve mensagem em vídeo para os alunos da *Operação Triunfo*, o programa português da RTP1.

■ **SEGUNDA-FEIRA, 12 DE NOVEMBRO**

Taking Chances à venda

O álbum *Taking Chances* é lançado na maioria dos países europeus.

Canções
1. "Taking Chances"
2. "Alone"
3. "Eyes On Me"
4. "My Love"
5. "Shadow of Love"
6. "Surprise Surprise"
7. "This Time"
8. "New Dawn"
9. "A Song for You"
10. "A World to Believe In"

11. "Can't Fight the Feelin'"
12. "I Got Nothin' Left"
13. "Right Next to the Right One"
14. "Fade Away"
15. "That's Just the Woman in Me"
16. "Skies of L.A."

Canções Bónus na Edição Japonesa

17. "Map to My Heart"
18. "The Reason I Go On"

Promoção nos EUA

Começa nos EUA, com o programa *The Oprah Winfrey Show*, a promoção ao álbum *Taking Chances*.

Nos Estados Unidos:
- Oprah Winfrey Show - a 12 de novembro
- Today Show (NBC) - ao vivo a 14 de novembro
- The Ellen Degeneres Show (NBC) - a 14 de novembro
- The View (ABC) - a 14 de novembro
- Early Morning Show (CBS) - a 15 de novembro
- American Music Awards (ABC) - ao vivo a 18 de novembro
- Dacing With The Stars (ABC) - ao vivo a 27 de novembro
- Christmas in Rockefeller Center (NBC) - a 28 de novembro
- All My Children

■ **SEXTA-FEIRA, 16 DE NOVEMBRO**

Concerto de Halifax cancelado

É cancelado o concerto de Céline Dion agendado para o dia 23 de agosto de 2008 em Halifax, Canadá. Segundo a promotora, o espaço não era adequado para o concerto. Os bilhetes seriam colocados à venda no próximo dia 24.

Compras em Nova Iorque

Céline Dion faz compras em várias lojas de Nova Iorque.

■ SÁBADO, 17 DE NOVEMBRO

Bilhetes esgotam em poucos minutos

São colocados à venda 40 mil bilhetes para os dois concertos de Céline Dion em Montreal a 15 e 16 de agosto. Os bilhetes são vendidos em apenas 6 minutos o que leva a organização a adicionar de imediato duas novas datas – 19 e 20 de agosto. Os bilhetes para esses dois concertos esgotam em menos de 30 minutos.

■ QUARTA-FEIRA, 21 DE NOVEMBRO

Cancelamento de Halifax causa polémica

O cancelamento do concerto de Céline Dion em Halifax causa polémica. O concerto foi cancelado, não devido ao espaço não ser apropriado, mas devido às críticas que surgiram e não agradaram a René Angélil. Um jornal e uma rádio locais referiram que Halifax não precisava de Céline Dion e que preferiam antes bandas como os Rolling Stones.

■ SEGUNDA-FEIRA, 26 DE NOVEMBRO

Céline de volta a França

É anunciado que Céline Dion voltará a França em janeiro e participará na *Star Academy* e nos prémios NJR Music.

■ TERÇA-FEIRA, 27 DE NOVEMBRO

"A World To Believe In" em dueto

É anunciado que a canção "A World To Believe In" foi gravada em dueto com a cantora japonesa Yuna Ito e que essa versão será o segundo single de *Taking Chances* no Japão.

■ QUINTA-FEIRA, 29 DE NOVEMBRO

250 Fãs em Las Vegas

Duzentas e cinquenta pessoas, que venceram um concurso da rádio quebequense Rock Détente, assistem ao espetáculo *A New Day* de Céline Dion.

■ SEXTA-FEIRA, 30 DE NOVEMBRO

A 2ª melhor de sempre

A atuação de "My Heart Will Go On" de Céline Dion nos Grammys de 1999 foi considerada a segunda melhor atuação de sempre na cerimónia.

#1 - Green Day - American Idiot
#2 - Céline Dion - My Heart Will Go On
#3 - Christina Aguilera - It's a Man's World
#4 - Whitney Houston - I Will Always Love You

■ DOMINGO, 2 DE DEZEMBRO

"Taking Chances" no show *A New Day*

A canção "Taking Chances" é adicionada ao show *A New Day* em substituição de "If I Could".

■ QUARTA-FEIRA, 5 DE DEZEMBRO

Videoclip de "A World To Believe In"

Começa a ser transmitido no Japão o videoclip da versão "A World To Believe In" em dueto com Yuna Ito.

■ **SEXTA-FEIRA, 7 DE DEZEMBRO**

Entrevista para a *Gay Times*

A revista inglesa *Gay Times* publica uma entrevista com Céline Dion onde ela diz que se o seu filho fosse gay ela o apoiaria pois a sua felicidade é o que importa. Céline diz ainda que acha Christina Aguilera uma das melhores cantoras do mundo.

■ **SEGUNDA-FEIRA, 10 DE DEZEMBRO**

Lançamento de *Live In Las Vegas: A New Day*

É lançado o DVD *Live In Las Vegas: A New Day*.

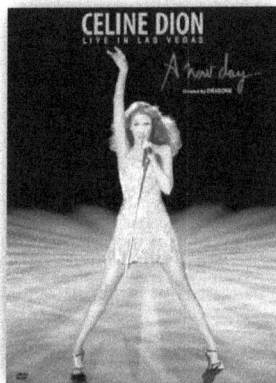

Canções
1. "A New Day Has Come"
2. "The Power Of Love"
3. "It's All Coming Back To Me Now"
4. "Because You Loved Me"
5. "To Love You More"
6. "I'm Alive"
7. "I Drove All Night"

8. "Seduces Me"
9. "If I Could"
10. "Pour Que Tu M'aimes Encore"
11. "I Surrender"
12. "Ammore Annascunnuto"
13. "All The Way"
14. "I've Got The World on a String"
15. "I Wish"
16. "Love Can Move Mountains"
17. "River Deep, Mountain High"
18. "My Heart Will Go On"

Material Bónus:
Because You Loved Me (A Tribute To The Fans) - 41 minutos
A New Day: All Access - 120 minutos
A New Day: The Secrets - 50 minutos

■ **TERÇA-FEIRA, 11 DE DEZEMBRO**

Finlândia junta-se à lista da tournée

A Finlândia é adicionada à lista de países por onde a tournée *Taking Chances* passará. Céline atuará em Helsínquia a 9 de junho de 2008.

Andrea Bocelli

Numa entrevista, Andrea Bocelli, em resposta à pergunta "Tem algum cantor favorito com quem tenha atuado", diz que se tivesse de escolher apenas um, seria Céline Dion.

■ **QUINTA-FEIRA, 13 DE DEZEMBRO**

Entertainer do milénio

Céline Dion recebe o prémio "Entertainer do Novo Milénio" pela Comissão de Turismo do Nevada.

■ SÁBADO, 15 DE DEZEMBRO

A New Day chega ao fim

Céline Dion dá o último concerto do show *A New Day*. Termina assim um ciclo de 723 representações começadas a 25 de março de 2003.

■ DOMINGO, 16 DE DEZEMBRO

Especial "último show A New Day"

O canal quebequense TVA transmite um especial sobre o último concerto do show *A New Day*, onde mostra imagens do espetáculo, dos bastidores e até de uma pequena festa que se realizou após o concerto.

■ SEGUNDA-FEIRA, 17 DE DEZEMBRO

A New Day nos cinemas

O concerto do DVD *A New Day* é transmitido, apenas por uma noite, em cerca de 200 teatros norte-americanos.

■ QUARTA-FEIRA, 19 DE DEZEMBRO

Começam os ensaios da tournée

Céline Dion começa os ensaios da tournée *Taking Chances*, cuja direção está a cargo de Jamie King.

■ QUINTA-FEIRA, 20 DE DEZEMBRO

DVD bate recorde de vendas

O DVD *Live In Las Vegas: A New Day* bate recordes de vendas no Canadá ao vender quase 100.000 cópias na primeira semana, o equivalente a 10 platinas. Torna-se no DVD musical que mais vendeu na primeira semana.

■ SEXTA-FEIRA, 21 DE DEZEMBRO

Os concertos mais lucrativos do ano

A revista americana *Pollstar* divulga os concertos/espetáculos musicais mais lucrativos de 2007 na América do Norte. Céline Dion aparece em 4º lugar com o show *A New Day*. Céline teve a segunda média de bilhetes mais caros ($141,26), só batida por Barry Manilow ($141,72). O top 10 é o seguinte (valores em milhões de dólares):

#01 - The Police - $131,9
#02 - Kenny Chesney - $71,1
#03 - Justin Timberlake - $70,6
#04 - Céline Dion - $65,3
#05 - Van Halen - $56,7
#06 - Tim McGraw & Faith Hill - $52,3
#07 - Rod Stewart - $49,0
#08 - Genesis - $47,6
#09 - Josh Groban - $43,0
#10 - Rascal Flatts - $41,5

Céline no *Larry King Live* da CNN

Céline Dion aparece no *Larry King Live*, onde são transmitidos vídeos de "The Christmas Song" e "Taking Chances", retirados dos últimos concertos do show *A New Day*.

■ SÁBADO, 29 DE DEZEMBRO

The Best

É transmitido no canal France 2, um especial de nome *Les Stars de l'année 2007*, onde Céline Dion canta "Taking Chances", "Immensité" e ainda "The Best", um cover da canção de Tina Turner.

2008

O ano 2008 ficou marcado especialmente pela tournée *Taking Chances*, uma das maiores e mais lucrativas do ano.

Céline Dion começou a tournée no dia 14 de fevereiro, em Joanesburgo, na África Do Sul, e continuou depois pela Austrália, Ásia, Europa e América, nesta que foi a sua primeira digressão pelos 5 continentes. Céline cantou quer em grandes estádios, como por exemplo, o do concerto em Dublin, onde estiveram mais de 60 mil pessoas, quer em pequenas salas, como foi o caso do Mónaco, onde estiveram menos de mil pessoas.

Durante a visita a cada país, Céline recebeu vários prémios e condecorações, na qual se destacou a Legião de Honra que recebeu em França pelas mãos do presidente da república.

Outro dos momentos altos do ano foi o concerto gratuito que Céline deu no dia 22 de agosto, nas planícies de Abraham, inserido nas comemorações dos 400 anos do Quebec, e onde estiveram presentes mais de 250 mil pessoas. Este tornou-se no maior concerto da carreira de Céline Dion.

A 30 de março, enquanto estava na Austrália, Céline comemorou o seu 40º aniversário dando um jantar para familiares e amigos.

No final de outubro, foi lançada a compilação *My Love* e Céline Dion promoveu o álbum em vários programas de televisão norte-americanos, no qual se destacou o *The Oprah Winfrey Show*, onde se emocionou a cantar "My Love".

Durante o resto do ano destacou-se ainda o prémio honorário que Céline Dion recebeu nos prémios Felix, a sua interpretação de "At Seventeen" na cerimónia de divulgação dos nomeados aos Grammys e o seu especial de televisão *That's Just The Woman In Me* gravado para a CBS.

■ TERÇA-FEIRA, 1 DE JANEIRO

A personalidade artística do ano

Segundo uma sondagem elaborada pelo *Journal de Montreal*, entre os dias 13 e 17 de dezembro, feita a 1.004 pessoas do Quebec, Céline Dion foi eleita a personalidade artística de 2007, com 19% dos votos. Em 2º lugar ficou o cantor Gregory Charles, com 10% dos votos, seguido por Marc Labrèche, com 9%, Guy A. Lepage, com 7% e Martin Matte, com 6%. Céline Dion recolheu a maioria dos votos junto das pessoas com idades entre os 35 e os 54 anos.

■ QUINTA-FEIRA, 3 DE JANEIRO

Os concertos mais procurados

O site *ticketmaster.com*, líder mundial na venda de bilhetes para espectáculos, revela quais foram os artistas mais procurados no seu site durante 2007. Céline aparece em 5º lugar na lista dos concertos mais procurados.

#1 - Hannah Montana / Miley Cyrus
#2 - The Police
#3 - Kenny Chesney
#4 - Dave Matthews band
#5 - Céline Dion
#6 - Jimmy Buffett
#7 - Rush
#8 - Bruce Springsteen and the E street band
#9 - Bon Jovi
#10 - Keith Urban

■ SÁBADO, 5 DE JANEIRO

Os artistas que mais dinheiro geram

Céline Dion aparece em oitavo lugar na lista do *Los Angeles Times* relativa aos músicos que mais dinheiro geraram em 2007. A lista combina a venda de bilhetes com a venda de álbuns e downloads.

#1 - The Police - $142,3 milhões de dólares
#2 - Josh Groban - $104,6 milhões
#3 - Kenny Chesney - $96,2 milhões
#4 - Justin Timberlake - $95,7 milhões
#5 - Hannah Montana/Miley Cyrus - $87,4 milhões
#6 - Tim McGraw - $85,3 milhões
#7 - Rascal Flatts - $84,2 milhões
#8 - Céline Dion - $82,7 milhões
#9 - Van Halen - $63,8 milhões
#10 - Rod Stewart - $59,3 milhões

■ **SEGUNDA-FEIRA, 7 DE JANEIRO**

Single "Eyes On Me"

É lançado no Reino Unido o single "Eyes On Me", o segundo retirado do álbum *Taking Chances*.

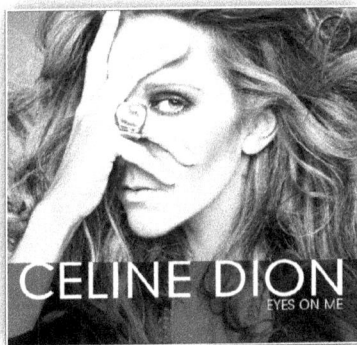

■ **SÁBADO, 12 DE JANEIRO**

Céline grava especial de TV para a CBS

Céline Dion grava, no Wiltern Theater, em Los Angeles, o seu especial de TV para o canal americano CBS.
Céline cantou 12 canções, entre elas duas com dois convidados especiais: Josh Groban e Will.i.am (dos Black Eyed Peas). Para além de cantar,

Céline Dion respondeu ainda a várias perguntas feitas por convidados famosos.

As canções cantadas foram:
- Taking Chances
- River Deep Mountain High
- The Power Of Love
- The Prayer (ao vivo com Josh Groban)
- Eyes On Me Remix (com Will.I.Am)
- Medley:
  It's All Coming Back To Me Now
  Because You Loved Me
  To Love You More
- Something (ao vivo - canção dos Beatles)
- Alone
- That's Just The Woman In Me
- My Heart Will Go On

■ DOMINGO, 13 DE JANEIRO

Céline Dion de férias

Céline Dion dá uma entrevista para a revista *Billboard,* horas antes de partir de férias para as Maldivas.

■ QUARTA-FEIRA, 16 DE JANEIRO

O mais vendido de sempre

O *Journal de Montreal* anuncia que o DVD *Live In Las Vegas: A New Day,* de Céline Dion, vendeu até ao momento 400.000 cópias no Canadá, incluindo mais de 40.000 no Quebec. Estes números tornam-no no DVD musical mais vendido de sempre no Canadá.

■ DOMINGO, 20 DE JANEIRO

Documentários na TVA

O canal TVA transmite os documentários "Because You Loved Me - A Tribute To The Fans" e "A New Day... The Secrets" do DVD *Live In Las Vegas: A New Day*.

■ **QUINTA-FEIRA, 24 DE JANEIRO**

Céline Dion em França

Céline Dion chega a França para participar em alguns programas de TV e num concerto de solidariedade.

■ **SEXTA-FEIRA, 25 DE JANEIRO**

Céline na *Star Academy*

Céline Dion participa no programa *Star Academy*, onde canta "Alone", "S'il Suffisait D'aimer" e "Dans Un Autre Monde".

Vídeo para o aniversário de Ellen Degeneres

Céline Dion participa num vídeo cómico onde várias celebridades desejam um feliz aniversário à apresentadora Ellen Degeneres que completa 50 anos.

■ **SÁBADO, 26 DE JANEIRO**

Prémio honorário

Céline Dion canta "Taking Chances" nos prémios NJR Music, prémios para a qual estava nomeada na categoria "Artista Feminina Francesa", mas que acabou por não vencer. Céline acabou por receber um prémio honorário.

■ **DOMINGO, 27 DE JANEIRO**

Concerto *Les Enfoirés 2008*

19327352

Céline Dion participa no concerto anual de solidariedade *Les Enfoirés*, realizado este ano em Estrasburgo. Céline cantou várias músicas ao vivo, em conjunto com outros artistas, entre elas "Argent Trop Cher", "I Want To Know What Love Is" e "Like a Prayer".

TVA transmite DVD

O canal TVA transmite o concerto do DVD *Live In Las Vegas: A New Day*.

■ **SEGUNDA-FEIRA, 28 DE JANEIRO**

Tournée no México

Surgem as primeiras notícias sobre a possibilidade de Céline Dion passar pelo México com a sua tournée mundial. A data apontada é dezembro de 2008.

■ **TERÇA-FEIRA, 29 DE JANEIRO**

Sensational – O novo perfume de Céline Dion

É anunciado o lançamento de um novo perfume de Céline Dion cujo nome é *Sensational*.

■ **QUARTA-FEIRA, 30 DE JANEIRO**

A 3ª cantora que mais dinheiro ganhou

Céline Dion aparece na lista da revista *Forbes* relativa às cantoras que mais dinheiro ganharam entre junho de 2006 e junho de 2007.

#1 - Madonna - $72 milhões de dólares
#2 - Barbra Streisand - $60 milhões
#3 - Céline Dion - $45 milhões
#4 - Shakira - $38 milhões
#5 - Beyoncé - $27 milhões
#6 - Christina Aguilera - $20 milhões

#7 - Faith Hill - $19 milhões
#8 - Dixie Chicks - $18 milhões
#9 - Mariah Carey - $13 milhões
#10 - Hilary Duff - $12 milhões

■ **DOMINGO, 3 DE FEVEREIRO**

Jogos Olímpicos de Inverno de 2010

O produtor David Atkins, em declarações a um jornal canadiano, diz que Céline Dion poderá cantar nos Jogos Olímpicos de Inverno de 2010 que se realizarão na cidade canadiana Vancouver.

■ **TERÇA-FEIRA, 5 DE FEVEREIRO**

Prémios Juno – Céline Dion nomeada

São divulgados os nomeados para os prémios Juno, os mais importantes da música canadiana, e Céline Dion aparece em 5 categorias:

Fan Choise (Escolha dos Fãs) - Céline Dion
Artist Of The Year (Artista Do Ano) - Céline Dion
Pop Album Of The Year (Álbum Pop do Ano) - *Taking Chances*
Album Of The Year (Álbum do Ano) - *Taking Chances* e *D'elles*
Francophone Album of the Year (Álbum Francófono do ano) - *D'elles*

Céline Dion foi a artista que recebeu mais nomeações (6), ficando à frente de Avril Lavigne, e Michael Bublé (cada um com 5).
A entrega dos prémios decorrerá a 6 de abril.

■ **QUINTA-FEIRA, 7 DE FEVEREIRO**

Entrevista

Céline Dion dá uma entrevista à revista americana *TV Guide* onde diz que decidiu fazer uma digressão por causa da sua mãe de 80 anos e do seu filho de 7 anos.

"É um privilégio ver países e pessoas a viver de forma diferente. Ver o mundo através dos olhos da minha mãe e do meu filho vai ser de certeza uma experiência completamente diferente" disse Céline Dion.

■ **DOMINGO, 10 DE FEVEREIRO**

Céline Dion na África Do Sul

Céline Dion chega à África Do Sul na companhia da família.

■ **TERÇA-FEIRA, 12 DE FEVEREIRO**

Conferência de imprensa

Céline Dion dá uma conferência de imprensa em Joanesburgo, onde estiveram presentes mais de 250 jornalistas.

■ **QUARTA-FEIRA, 13 DE FEVEREIRO**

Denise Bombardier vai acompanhar Céline

É anunciado que a jornalista e escritora Denise Bombardier, uma das que escreveu canções para o álbum *D'elles,* vai acompanhar Céline Dion numa parte da tournée para escrever um livro sobre ela. É também anunciado o lançamento de um DVD com um concerto em inglês e outro em francês e vários bónus, entre eles um documentário, assim como um livro de fotos que ficará a cargo do fotógrafo francês Gérard Schachmes.

■ **QUINTA-FEIRA, 14 DE FEVEREIRO**

Começa a tournée *Taking Chances*

Céline Dion começa a tournée *Taking Chances* dando um concerto em Joanesburgo.

Lista de concertos da tournée *Taking Chances*:

África:

14 Fevereiro 2008 Joanesburgo, África Do Sul - Coca Cola Dome
16 e 17 Fevereiro 2008 Pretória, África Do Sul - Loftus Stadium
20 Fevereiro 2008 Durban, África Do Sul - ABSA Stadium
23 e 24 Fevereiro 2008 Cidade Do Cado, África Do Sul - Estate Stadium
27 Fevereiro 2008 Porto Elizabeth, África Do Sul - Rugby Stadium
29 Fevereiro e 1 Março 2008 Joanesburgo, África Do Sul - Monte Casino

Ásia e Oceania:

5 Março 2008 Dubai, Emirados Árabes Unidos - Rugby Club
8 e 9 Março 2008 Tóqio, Japão - Tokyo Dome
11 e 12 Março 2008 Osaka, Japão - Osaka Dome
15 Março 2008 Macau, China - Venetian Arena
18 e 19 Março 2008 Seul, Coreia - Olympic Gymnasium Arena
31 Março 2008 Brisbane, Austrália - Entertainment Center
2 Abril 2008 Melbourne, Austrália - Rod Laver Arena
5 e 6 Março 2008 Sydney, Austrália - ACER Arena
8 Abril 2008 Perth, Austrália - MES Stadium
11 Abril 2008 Xangai, China - Shangai Stadium
13 Abril 2008 Kuala Lumpur, Malásia - Stade de Merdeka

Europa:

2 e 3 Maio 2008 Manchester, Reino Unido - Men Arena
6 e 8 Maio 2008 Londres, Reino Unido - O2 Arena
10 Maio 2008 Birmingham, Reino Unido - Birmingham Nia
13, 14 e 16 Maio 2008 Antuérpia, Bélgica - Palais des Sports
19, 20, 21, 24, 25, 27 Maio 2008 Paris, França - Palais Omnisport Bercy
30 Maio 2008 Dublin, Irlanda - Croke Park
2 Junho 2008 Amsterdão, Holanda - Amsterdam Arena
5 Junho 2008 Copenhaga, Dinamarca - Parken Stadium
7 Junho 2008 Estocolmo, Suécia - The Globe Arena
9 Junho 2008 Helsínquia, Finlândia - Hartwall Arena
12 Junho 2008 Berlin, Alemanha - Waldbuhne
14 Junho 2008 Frankfurt, Alemanha - Commerzbank Stadium
16 Junho 2008 Estugarda, Alemanha - Schleyerhalle
18 Junho 2008 Colónia, Alemanha - Kolnarena
20 Junho 2008 Hamburgo, Alemanha - Color Line Arena
22 Junho 2008 Munique, Alemanha - Stade Olympique
24 Junho 2008 Zurique, Suiça - Hallenstadion
26 Junho 2008 Praga, República Checa - Sazka Arena
28 Junho 2008 Cracóvia, Polónia - Blonia Park

1 Julho 2008 Viena, Áustria - Stadhalle
3 Julho 2008 Milão, Itália - Datch Forum
5 Julho 2008 Nice, França - Stade de Nice
7 Julho 2008 Arras, França - Grand-Place d'Arras
9 Julho 2008 Genebra, Suíça - Stade de Genève
11 e 12 Julho 2008 Monte Carlo, Mónaco - Sporting Club

América:

12 e 13 Agosto 2008 Boston, EUA - Banknorth Garden
15, 16, 19, 20, 23, 25 Agosto 2008 Montreal, Canadá - Centre Bell
27 e 28 Agosto 2008 Toronto, Canadá - Centre Air Canada
31 Agosto e 1 Setembro 2008 Montreal, Canadá - Centre Bell
3 Setembro 2008 Buffalo, EUA - HSBC Arena
5 Setembro 2008 Philadelphie, EUA - Centre Wachovia
6 Setembro 2008 Mashantucket, EUA - MGM Grand Arena
8 Setembro 2008 Washington, EUA - Centre Wachovia
10 e 12 Setembro 2008 Newark, EUA - Prudential Center
13 Setembro 2008 Uniondate, EUA - Nassau Coliseum
15 e 16 Setembro 2008 New York, EUA - Madison Square Garden
18 Setembro 2008 Uniondale, EUA - Nissau Coliseum
20 Setembro 2008 Atlantic City, EUA - Broadwalk Hall
22 Setembro 2008 Columbus, EUA - Schottenstein
24 Setembro 2008 Cleveland, EUA - Arena Quicken Loans
26 Setembro 2008 Detroit, EUA - Palace of Auburn Hills
27 Setembro 2008 Toronto, Canadá - Centre Air Canada
29 Setembro 2008 Milwaukee, EUA - Centre Bradley
14 Outubro 2008 Sacramento, EUA - Arco Arena
16 Outubro 2008 Portland, EUA - Rose Garden
18 Outubro 2008 Tacoma, EUA - Tacoma Dome Arena
20 e 21 Outubro 2008 Vancouver, Canadá - Place GM
24 e 25 Outubro 2008 Edmonton, Canadá - Place Rexall
27 e 28 Outubro 2008 Winnipeg, Canadá - Centre MTS
7 Novembro 2008 Ottawa, Canadá - Corel Centre
29 Novembro 2008 Anaheim, EUA - Centre Honda
2 Dezembro 2008 Los Angeles, EUA - Centre Staples
6 Dezembro 2008 Phoenix, EUA - Arena Jobing.com
9 Dezembro 2008 MexicoCity, México - Auditorio Nacional
11 Dezembro 2008 Guadalajara, México - Estadio Tres de Marzo
13 Dezembro 2008 Monterrey, México - Arena Monterrey
16 Dezembro 2008 Chicago, EUA - United Center
18 Dezembro 2008 Minneapolis, EUA - Centre Target
21 Novembro 2008 Indianapolis, EUA - Conseco Fieldhouve
3 Janeiro 2009 Kansas City, EUA - Centre Sprint
5 Janeiro 2009 Dallas, EUA - American Airlines Center
7 Janeiro 2009 San Antonio, EUA - Centre AT & T
9 Janeiro 2009 Houston, EUA - Toyota Center

10 Janeiro 2009 New Orleans, EUA - New Orleans Arena
13 Janeiro 2009 Nashville, EUA - Centre Sommet
15 Janeiro 2009 Birmingham, EUA - BJCC Arena
17 Janeiro 2009 Atlanta, EUA - Philips Arena
21 Janeiro 2009 Raleigh, EUA - Centre RBC
23 Janeiro 2009 Miami, EUA - American Airlines Arena
28 Janeiro 2009 Tampa, EUA - St. Pete Times Forum
30 Janeiro 2009 Fort Lauderdale, EUA - Centre Bank Atlantic
31 Janeiro 2009 San Juan, Puerto Rico - José Miguel Coliseum
2 Fevereiro 2009 Tulsa, EUA - Centre BOK
4 Fevereiro 2009 St. Louis, EUA - Centre Scottrade
7 Fevereiro 2009 Windsor, Canadá - Collosseum At Caesars
9 e 10 Fevereiro 2009 Quebec City, Canadá - Colisée Pepsi
12, 14 e 15 Fevereiro 2009 Montreal, Canadá - Centre Bell
20 Fevereiro 2009 San Jose, EUA - Pavillon HP
22 Fevereiro 2009 Salt Lake City, EUA - Energy Solutions Arena
24 Fevereiro 2009 Denver, EUA - Centre Pepsi
26 Fevereiro 2009 Omaha, EUA - Centre Qwest

Imagem promocional da tournée Taking Chances

Canções cantadas durante a tournée *Taking Chances*:

A lista de canções cantada por Céline Dion ao longo da tournée *Taking Chances* foi variando consoante o país e a cidade. A seguir pode ver a lista das canções de Boston (típica das zonas não francófonas) e a lista das canções de Montreal (típica das zonas francófonas).

Lista de Boston:	Lista de Montreal:
I Drove All Night	I Drove All Night
The Power of Love	J'irai Ou Tu Iras
Taking Chances	The Power of Love
It's All Coming Back to me Now	Destin
Because You Loved Me	Taking Chances
To Love You More	Et S'il Ne Restait Qu'une
Eyes on Me	Eyes on Me
All by Myself	All by Myself
I'm Alive	L'amour Existe Encore
Shadow of love	Dans Un Autre Monde
Fade Away	I'm Alive
I'm Your Angel	Shadow of love
Alone	Alone
My Love	Je Sais Pas
The Prayer	My Love
Pour Que Tu M'aimes Encore	S'il Suffisait D'aimer
We Will Rock You	The Prayer
The Show Must Go On	We Will Rock You
Medley Soul	The Show Must Go On
It's a Man's World	Medley Soul
Love Can Move Mountains	It's a Man's World
River Deep Mountain High	Love Can Move Mountains
My Heart Will Go On	River Deep Mountain High
	My Heart Will Go On
	Pour Que Tu M'aimes Encore

■ **SEXTA-FEIRA, 15 DE FEVEREIRO**

Céline visita crianças pobres

Céline Dion, René Angélil e René-Charles visitam uma organização, em Joanesburgo, que apoia as crianças pobres, órfãs e abandonadas da região.

That's Just The Woman In Me

É transmitido pelo canal CBS o especial *That's Just The Woman In Me*.

■ **SÁBADO, 16 DE FEVEREIRO**

Céline assiste a musical

Céline Dion assiste, em Joanesburgo, ao musical *The Lion King*, juntamente com o marido e com o filho.

■ **DOMINGO, 17 DE FEVEREIRO**

Perfume *Sensational* à venda

O perfume *Sensational* de Céline Dion é lançado no Reino Unido.

■ **QUARTA-FEIRA, 20 DE FEVEREIRO**

"The Prayer" com Josh Groban

A canção "The Prayer", a versão em dueto com Josh Groban, retirada do especial de TV da CBS "That's Just The Woman In Me", estreia em 70º lugar no top da *Billboard*, com 38.000 cópias digitais vendidas.

■ SÁBADO, 23 DE FEVEREIRO

Caos no concerto

Regista-se o caos no primeiro concerto de Céline Dion em Cape Town. As filas de trânsito atingiram vários quilómetros de comprimento e houve dezenas de pessoas que não chegaram a tempo ao concerto.

■ SEGUNDA-FEIRA, 25 DE FEVEREIRO

Complete Best

É lançado do Japão a compilação *Complete Best* contendo os maiores sucessos de Céline Dion.

1. A World To Believe In [com Yuna Ito]
2. My Heart Will Go On
3. To Love You More
4. The Power Of Love
5. Beauty And Beast [com Peabo Bryson]
6. Beacause You Loved Me
7. It's All Coming Back To Me Now
8. Be The Man

9. I'm Your Angel [com R Kelly]
10. Where Does My Heart Beat Now
11. The Power of Dreams
12. When I Fall In Love [com Clive Griffin]
13. That's the Way It Is
14. A New Day Has Come
15. I'm Alive
16. I Drove all Night
17. Taking Chances

■ **SEGUNDA-FEIRA, 3 DE MARÇO**

Céline nos Emirados Árabes Unidos

Céline Dion chega ao Dubai, nos Emirados Árabes Unidos, e dá várias entrevistas para a comunicação social.

■ **QUARTA-FEIRA, 5 DE MARÇO**

Concerto no Dubai

Céline Dion atua no Dubai perante mais de 12.000 fãs.

■ **QUINTA-FEIRA, 6 DE MARÇO**

Chegada ao Japão

Céline Dion chega ao Japão e é recebida por vários fãs no aeroporto de Tóquio.

■ **SEXTA-FEIRA, 7 DE MARÇO**

Complete Best no 3º lugar

A compilação *Complete Best* entra diretamente para o 3º lugar do top de vendas japonês com perto de 35 mil cópias vendidas.

É o 2º melhor resultado na carreira de Céline Dion. Apenas o álbum *All The Way* teve um melhor desempenho ao atingir o 1º lugar.

Também a caixa *Ultimate Box*, que contem 2 CD's e 3 DVD's entrou para o top, na posição número 169, com mais de 1.000 cópias vendidas.

Les Enfoirés 2008 na TF1 e em CD e DVD

É transmitido pelo canal TF1, o programa *Les Enfoirés 2008* que conta com a presença de Céline Dion.

No mesmo dia é lançado o CD e o DVD "Les Secrets Des Enfoirés" que contem o espetáculo no qual Céline Dion participou.

■ SÁBADO, 8 DE MARÇO

Concerto em Tóquio

Céline Dion dá o primeiro de dois concertos na cidade de Tóquio, perante cerca de 50 mil pessoas.

■ QUARTA-FEIRA, 12 DE MARÇO

Polónia junta-se à tournée

A imprensa polaca confirma que Céline Dion passará pela Polónia com a sua tournée mundial. O concerto será a 28 de junho na cidade de Cracóvia.

Parabéns antecipados

Céline Dion é surpreendida no seu concerto em Osaka. A cantora Yuna Ito e todos os espetadores cantam-lhe os parabéns, isto apesar de não ser o dia do seu aniversário.

■ SÁBADO, 15 DE MARÇO

Concerto em Macau

Céline Dion dá um concerto na Venetian Arena, em Macau, perante cerca de 13 mil pessoas.

■ QUARTA-FEIRA, 19 DE MARÇO

Concerto na Coreia do Sul

Céline Dion atua em Seul, na Coreia Do Sul. A canção "Fade Away" é retirada da lista de atuações e substituída por "A New Day Has Come" e "My Love".

■ QUINTA-FEIRA, 20 DE MARÇO

Aniversário de Thérèse Dion

Céline Dion chega à Austrália na companhia de vários membros da sua família. Juntos comemoram o 81º aniversário de Thérèse Dion, a mãe de Céline Dion.

■ QUARTA-FEIRA, 26 DE MARÇO

Concertos adiados

A poucas horas do seu primeiro concerto da tournée *Taking Chances* na Austrália, Céline Dion é obrigada a adiar dois concertos devido a uma infeção nas vias respiratórias.

■ **SEXTA-FEIRA, 28 DE MARÇO**

Mais concertos adiados

Céline Dion continua doente e é obrigada a adiar três concertos na Austrália e um na Malásia.

■ **DOMINGO, 30 DE MARÇO**

Céline Dion faz 40 anos

Céline Dion festeja o seu 40º aniversário dando uma grande festa no hotel InterContinental, em Sydney, junto da família e amigos.

■ **QUARTA-FEIRA, 2 DE ABRIL**

Novamente a melhor cantora

Céline Dion ganhou pela 5ª vez o prémio de "Melhor Cantora" na 27ª votação anual do jornal *Las Vegas Review*.

■ **DOMINGO, 6 DE ABRIL**

Prémios Juno – Céline Dion não ganha

São divulgados os vencedores dos prémios Juno e Céline Dion, que estava nomeada em 5 categorias, acaba por não ganhar nada.

■ **SEXTA-FEIRA, 11 DE ABRIL**

Concerto em Xangai

Céline Dion dá um concerto em Xangai, China, perante milhares de pessoas.

■ **SÁBADO, 12 DE ABRIL**

Céline em programa chinês

Céline Dion participa no programa chinês de Yan Lang, onde canta "Alone", "The Power Of The Dream" e "My Heart Will Go On".

■ **SEGUNDA-FEIRA, 14 DE ABRIL**

Férias na Florida

Céline Dion e a família partem de férias para a Florida.

■ **QUARTA-FEIRA, 30 DE ABRIL**

Céline ganhou a Eurovisão há 20 anos

Celebra-se o 20° aniversário da vitória de Céline Dion no festival da Eurovisão. Em 1988, Céline concorreu pela Suíça com a canção "Ne Partez Pas Sans Moi" e venceu por apenas 1 ponto de diferença em relação ao segundo classificado, o Reino Unido.

■ **SEXTA-FEIRA, 2 DE MAIO**

Começa etapa europeia da tournée

Céline Dion começa a etapa europeia da tournée *Taking Chances* dando um concerto em Manchester, no Reino Unido.

■ **TERÇA-FEIRA, 13 DE MAIO**

Concertos na Bélgica

Céline Dion dá o primeiro de 3 concertos em Antuérpia, na Bélgica.

ANO 2008

■ SÁBADO, 17 DE MAIO

Golfe em Paris

Céline Dion, René Angélil e amigos da família jogam golfe em Saint-Nom-la-Brtèche, perto de Paris.

■ SEGUNDA-FEIRA, 19 DE MAIO

Concertos em Paris

Céline Dion dá o primeiro de 6 concertos em Paris, na França.

■ QUINTA-FEIRA, 22 DE MAIO

Legião de Honra

Céline Dion é distinguida com a Legião de Honra de França. A cerimónia decorreu no Palácio do Eliseu e a distinção foi-lhe entregue pelas mãos pelo presidente da república francesa, Nicolas Sarkozy.

"Receber a Legião de Honra, no Palácio do Eliseu e das vossas mãos, senhor presidente, é uma honra muito importante. Para uma pequena quebequense de Charlemagne como eu, isso toma proporções e um sentido que é difícil de exprimir," disse Céline Dion.

"Ele estaria muito contente por ver a sua pequena última [filha] a ser homenageada pela França. Ele estaria orgulhoso porque era um homem simples, mas que tinha um grande sentido de honra e de dever feito" disse Céline referindo-se ao seu falecido pai.

"Mamam, esta medalha, eu ta dou, porque a mulher e a mãe em que me tornei, é muito graças a ti. Tu és a minha heroína e o meu modelo."

Ao entregar-lhe a condecoração, Nicolas Sarkozy declarou que Céline é uma *"mulher de coração"* e uma *"artista excecional"*. *"Você canta em inglês, mas também em francês, daí esta ligação forte com o nosso país. A França agradece o que tem feito pela divulgação da nossa língua além fronteiras,"* acrescentou o presidente.

Inauguração das estátuas

Céline Dion e René Angélil inauguram as suas estátuas de cera presentes no museu francês Grévin. A estátua de Céline está presente no museu desde 2006.

■ **SEXTA-FEIRA, 30 DE MAIO**

Concerto na Irlanda

Céline Dion dá o maior concerto da tournée *Taking Chances,* na cidade de Dublin, na Irlanda, perante mais de 64 mil pessoas. Os Il Divo fizeram a primeira parte do concerto.

■ **DOMINGO, 1 DE JUNHO**

Passeio de barco

Céline Dion e a família passeiam de barco por um rio de Amesterdão.

■ **SEGUNDA-FEIRA, 2 DE JUNHO**

Concerto na Holanda

Céline Dion atua em Amesterdão, na Holanda. "The Prayer", em dueto com Andrea Bocelli, é introduzida no concerto.

■ **QUINTA-FEIRA, 5 DE JUNHO**

Concerto na Dinamarca

Céline Dion atua em Copenhaga, a capital da Dinamarca.

■ SEXTA-FEIRA, 6 DE JUNHO

Monumentos de Berlim

Céline Dion chega à Alemanha e visita vários monumentos da cidade de Berlim, entre eles o memorial das vítimas do holocausto.

■ SÁBADO, 7 DE JUNHO

Concerto na Suécia

Céline Dion dá um concerto em Estocolmo, na Suécia, onde canta "A Song For You".

■ SEGUNDA-FEIRA, 9 DE JUNHO

Concerto na Finlândia

Céline Dion atua em Helsínquia, na Finlândia.

■ QUARTA-FEIRA, 11 DE JUNHO

Mensagem para vítimas de terramoto

Céline Dion envia uma mensagem de apoio para as vítimas do tremor de terra na China, que tragicamente afetou milhões de pessoas.

"Eu estou muito afetada pelos acontecimentos trágicos que atingiram a China, resultado do tremor de terra. Como mãe eu não posso imaginar a tristeza e o desespero que milhares de pessoas sentem lá. As pessoas da China têm presentemente uma grande necessidade de ajuda e apoio. Para além da contribuição que farei, eu ofereço as minhas orações e os meus pensamentos ao povo da China e a todas as famílias que foram afetadas por esta tragédia no Canadá e no resto do mundo."

■ QUINTA-FEIRA, 12 DE JUNHO

As celebridades mais poderosas

A revista *Forbes* divulga a sua lista de 2008 relativa às celebridades mais poderosas do mundo. Céline Dion aparece em 28º lugar. A lista dos 100 mais poderosos inclui apenas 10 celebridades na categoria de músicos:

#04 - Beyonce Knowles
#08 - The Police
#12 - Justin Timberlake
#21 - Madonna
#28 - Céline Dion
#50 - Spice Girls
#53 - Bon Jovi
#63 - Gwen Stefani
#65 - Alicia Keys
#79 - Carrie Underwood

Concertos na Alemanha

Céline Dion dá, em Berlim, o primeiro de seis concertos na Alemanha.

■ DOMINGO, 15 DE JUNHO

Mais nomeações

O jovem canal de televisão do Quebec, Vrak TV, divulga os nomeados para a sua gala - a "Karv l'anti-gala" - que entrega prémios em várias categorias, sendo os nomeados escolhidos por jovens dos 9 aos 17 anos.

Céline Dion é nomeada em 4 das 15 categorias. São elas:

- Celebridade do Quebec com um look mais cool;
- Artista do Quebec que mais gostaria de ter como mãe;
- Cantor/Grupo com que gostaria de partir em tournée;
- Personalidade do Quebec a que daria o poder para resolver os problemas do Mundo;

■ TERÇA-FEIRA, 17 DE JUNHO

Processo contra arquiteto

É divulgado que Céline Dion processou o arquiteto da sua nova casa na Florida por este não ter cumprido os seus pedidos, nomeadamente no que diz respeito a uma sala octogonal.

■ QUARTA-FEIRA, 18 DE JUNHO

Os ídolos dos quebequenses

Céline Dion é considerada o segundo maior ídolo do povo do Quebec segundo uma sondagem feita entre 27 de março e 4 de abril.

#01 - René Lévesque - 16,9%
#02 - Céline Dion - 10,6%
#03 - Dalaï Lama - 5,2%
#04 - Mère Theresa - 4,9%
#05 - Maurice Richard - 4,6%
#06 - Ghandi - 4,5%
#07 - Hubert Reeves - 4,3%
#08 - Martin Luther King - 3,9%
#09 - Nelson Mandela - 3,3%
#10 - Albert Einstein - 3,1%

Dividindo os resultados por sexo, 4,3% dos homens considerou ser Céline Dion o seu ídolo, enquanto nas mulheres a percentagem foi de 16,7%.

■ QUINTA-FEIRA, 19 DE JUNHO

Regresso a Las Vegas

Surgem novos rumores sobre o regresso de Céline Dion a Las Vegas. O novo contrato seria para dar cerca de 75 concertos por ano, em vez dos habituais 150.

■ **SEGUNDA-FEIRA, 23 DE JUNHO**

O pior cover de sempre

"You Shook Me All Night Long", versão Céline Dion e Anastacia, é eleita o pior cover de sempre por especialistas da revista inglesa *Total Guitar*, uma revista direcionada para os fãs do rock e do metal.

■ **TERÇA-FEIRA, 24 DE JUNHO**

Concerto na Suíça

Céline Dion atua em Zurique, na Suíça.

■ **QUINTA-FEIRA, 26 DE JUNHO**

Concerto na República Checa

Céline Dion atua em Praga, na República Checa.

■ **SÁBADO, 28 DE JUNHO**

Concerto na Polónia

Céline Dion chega à Polónia e tem a maior receção da tournée *Taking Chances*. Eram centenas os fãs que a aguardavam. Céline recebeu várias condecorações, entre elas a chave da cidade de Cracóvia e uma estrela na Vistula Boulevards. À noite deu um concerto perante milhares de pessoas.

■ **TERÇA-FEIRA, 1 DE JULHO**

Concerto na Áustria

Céline Dion atua em Viena, na Áustria.

■ QUINTA-FEIRA, 3 DE JULHO

Concerto em Itália

Céline Dion atua em Milão, na Itália, dando um dos concertos mais pequenos da tournée. Estiveram presentes cerca de 6.500 pessoas.

■ SÁBADO, 5 DE JULHO

Oprah Winfrey na plateia

Céline Dion volta a França para dar um concerto na cidade de Nice. Oprah Winfrey foi uma das pessoas que assistiu ao concerto.

■ DOMINGO, 6 DE JULHO

Fotografada em biquíni

Céline Dion é fotografada em biquíni, nas Antilhas, sul de França, onde tem estado de férias.

■ SEGUNDA-FEIRA, 7 DE JULHO

Último concerto em França

Céline Dion atua em Arras, dando o seu último concerto em França.

■ TERÇA-FEIRA, 8 DE JULHO

200.000 Pessoas para o concerto

A organização do concerto de Céline Dion inserido nas comemorações dos 400 anos do Quebec anuncia que passam a poder assistir ao espetáculo 200 mil pessoas, em vez das 100 mil anteriormente previstas.

■ QUARTA-FEIRA, 9 DE JULHO

De volta à Suíça

Céline Dion atua em Genebra, na Suíça.

■ SEXTA-FEIRA, 11 DE JULHO

Dueto com Charles Aznavour

É anunciado que Céline Dion será um dos cantores que participará no álbum de duetos de Charles Aznavour, a ser lançado no final do ano.

Concerto no Mónaco

Céline Dion dá o primeiro de dois concertos no Mónaco. Uma assistência de cerca de 1.000 pessoas por noite torna-os nos concertos mais pequenos da tournée e também nos que tiveram um preço médio por bilhete mais elevado, cerca de 500€.

■ SÁBADO, 12 DE JULHO

Termina etapa europeia

Céline Dion termina a etapa europeia da tournée dando o segundo concerto no Mónaco.

■ QUARTA-FEIRA, 16 DE JULHO

Calendário da UNICEF

Céline Dion tira fotografias, juntamente com 12 crianças deficientes ou que passaram por momentos trágicos, para um calendário da UNICEF e para um livro.

■ SEGUNDA-FEIRA, 21 DE JULHO

Conferência de imprensa

A cerca de 1 mês do seu concerto nas planícies de Abraham, para festejar dos 400 anos do Quebec, Céline Dion dá várias entrevistas para a comunicação social quebequense onde fala do evento.

Torneio de golfe

Realiza-se o terceiro torneio anual de golfe da fundação Thérèse Tanguay Dion, a mãe de Céline Dion, também conhecida por Maman Dion. O torneio juntou 288 golfistas no clube de golfe Le Mirage, perto de Montreal, com o objetivo de angariar fundos para ajudar na educação de 2.000 jovens do Quebec que vivem com dificuldades económicas. Foram conseguidos 729.000 dólares canadianos que servirão para comprar material escolar e roupas para essas crianças necessitadas.

■ TERÇA-FEIRA, 22 DE JULHO

Anunciado novo perfume

É anunciado o lançamento de um novo perfume de Céline Dion para setembro, uma edição especial de Sensational, cujo nome será Sensational Moment.

■ TERÇA-FEIRA, 29 DE JULHO

René Angélil diretor

É anunciado que René Angélil será o diretor da escola artística da próxima edição do programa quebequense Star Académie.

■ SEXTA-FEIRA, 8 DE AGOSTO

Le Mirage remodelado

É anunciado que Céline Dion e René Angélil investiram 15 milhões de dólares na remodelação do seu clube de golfe, *Le Mirage*, situado em Terrebonne, no Quebec.

■ **TERÇA-FEIRA, 12 DE AGOSTO**

Começa etapa americana

Céline Dion inicia a etapa americana da tournée *Taking Chances* dando um concerto em Boston, nos Estados Unidos. Este foi um dos concertos que foi filmado na íntegra para ser lançado futuramente em DVD.

■ **SEXTA-FEIRA, 15 DE AGOSTO**

Concertos em Montreal

Céline Dion dá o primeiro de seis concertos em Montreal. A canção "Ziggy", cantada em França, é substituída por "L'amour Existe Encore".

■ **QUINTA-FEIRA, 21 DE AGOSTO**

Doutoramento honorífico

Céline Dion recebe um doutoramento honorífico da Universidade de Laval.

"Dion é um exemplo de talento, disciplina, simplicidade, e generosidade, assim como uma boa fonte de inspiração para as pessoas deste país. O governo do Canadá está muito orgulhoso desta maravilhosa embaixadora do nosso país. Ela é um modelo de sucesso e dedicação. Eu ofereço-lhe as minhas mais sinceras felicitações por este grau académico" disse o Ministro Federal da Herança Francófona.

■ **SEXTA-FEIRA, 22 DE AGOSTO**

O maior concerto da carreira

Céline Dion dá o maior concerto na sua carreira. Mais de 250.000 pessoas juntaram-se nas planícies de Abraham para ver o espetáculo que juntou Céline Dion e vários cantores do Quebec e que serviu para celebrar os 400 anos da província. Neste grandioso espetáculo Céline Dion cantou:

Dans un autre monde
Destin
On ne change pas
Sous le Vent (com Garou)
Tout près du bonheur (com Marc Dupré)
Lady Marmalade (com Nanette Workman)
J'irai où tu iras (com Nanette Workman)
Degeneration (com Mes Aïeux)
La bastringue (com a família Dion)
L'arbre est dans les feuilles (com Zachary Richard)
L'Amour Existe Encore (com Eric Lapointe)
Si Dieu existe (com Claude Dubois)
Et s'il n'en restait qu'une
S'il suffisait d'aimer
Pour Que Tu M'aimes Encore
Une chance qu'on s'a (com Ginette Reno)

■ **SEGUNDA-FEIRA, 25 DE AGOSTO**

Sensational Moment

É lançado pela *Coty* o perfume *Sensational Moment*, uma edição especial do perfume *Sensational*.

■ QUARTA-FEIRA, 27 DE AGOSTO

Concertos em Toronto

Céline Dion dá o primeiro de dois concertos na cidade de Toronto, no Canadá.

■ DOMINGO, 31 DE AGOSTO

De volta a Montreal

Céline Dion volta a Montreal para dar mais dois concertos no Centre Bell.

■ SEGUNDA-FEIRA, 1 DE SETEMBRO

"A World To Believe In" em japonês

É divulgada uma versão de "A World To Believe In" cantada totalmente em japonês por Céline Dion e que fará parte do filme *Maboroshi no Yamataikoku* que será lançado no Japão a 1 de novembro.

Museu Céline Dion

René Angélil refere que existem planos para a construção de um museu sobre Céline Dion algures no Quebec.

Jerry Lewis Telethon 2008

Céline Dion participa no *Jerry Lewis Telethon* de 2008, através de uma mensagem de vídeo e de uma prestação pré-gravada de "My Love", cantada num dos concertos de Montreal.

Compilação *My Love*

É anunciado o lançamento de uma nova compilação em inglês, intitulada *My Love*, e cujo lançamento será no final de outubro.

■ QUARTA-FEIRA, 3 DE SETEMBRO

Anunciado concerto em Ottawa

A cidade de Ottawa é adicionada ao itinerário da tournée *Taking Chances*. O concerto na capital canadiana é marcado para o dia 7 de novembro.

■ SÁBADO, 6 DE SETEMBRO

Carlos Santana

O músico Carlos Santana revela numa entrevista que gostava muito de trabalhar com Céline Dion e que é apenas uma questão de tempo até encontrar e produzir a canção certa.

■ DOMINGO, 7 DE SETEMBRO

Lista de canções de *My Love*

São divulgadas as canções que farão parte da compilação *My Love*.

■ SEGUNDA-FEIRA, 8 DE SETEMBRO

Apoio a Obama

Céline Dion atua em Washington e nesse dia René Angélil revela que ele e Céline Dion gostariam de ver Barack Obama como o próximo presidente dos EUA.

"Nós pensamos que, a um nível internacional, Barack Obama projetará uma melhor imagem dos Estados Unidos" disse Angélil. *"John McCain é um bom homem, mas parece-me que a América ficará melhor representada por Barack Obama".*

Apesar das casas na Florida e em Las Vegas, René lembrou que ele e Céline não irão votar porque são canadianos.

■ **TERÇA-FEIRA, 9 DE SETEMBRO**

Céline convida Charice

Céline Dion aparece no programa *The Oprah Winfrey Show*, via satélite, para convidar uma pequena cantora, de nome Charice, a cantar consigo "Because You Loved Me" no seu concerto na cidade de Nova Iorque.

■ **QUARTA-FEIRA, 10 DE SETEMBRO**

Anunciado concerto na cidade do Quebec

É anunciado que Céline Dion dará um concerto na cidade do Quebec a 10 de fevereiro de 2009.

■ **TERÇA-FEIRA, 16 DE SETEMBRO**

San Diego junta-se à tournée

É adicionada uma nova data à tournée *Taking Chances*, mais precisamente em San Diego, a 25 de novembro.

■ **TERÇA-FEIRA, 23 DE SETEMBRO**

Céline no *The Rachel Ray Show*

É transmitido, no programa norte-americano *The Rachel Ray Show*, uma pequena entrevista que a apresentadora fez a Céline Dion, nos bastidores de um dos concertos no Madison Square Garden, em Nova Iorque.

■ **QUINTA-FEIRA, 25 DE SETEMBRO**

Céline em mais uma lista da *Forbes*

A revista americana *Forbes* divulga a sua lista dos 10 músicos que mais dinheiro ganharam nos últimos 12 meses. Céline Dion aparece em 5º lugar com 40 milhões de dólares.

1 - The Police - $115 milhões de dólares
2 - Beyonce Knowles - $80 milhões
3 - Toby Keith - $48 milhões
4 - Justin Timberlake - $44 milhões
5 - Madonna - $40 milhões
5 - Céline Dion - $40 milhões
5 - Rascal Flatts - $40 milhões
8 - Van Halen - $35 milhões
9 - Genesis - $ 31 milhões
10 - Gwen Stefani - $27 milhões

Leilão de joias

Céline Dion é um dos muitos artistas que doa uma das suas joias para o Primeiro Leilão Anual de Joias de Celebridades, cujo dinheiro reverterá para comprar material escolar para os jovens necessitados que estejam a seguir uma educação na área das artes.

■ QUARTA-FEIRA, 1 DE OUTUBRO

Céline grava o *The Oprah Winfrey Show*

Céline Dion grava um episódio inteiro do programa *The Oprah Winfrey Show* sobre o projeto "Hommages En Visages", que juntou Céline Dion e 12 crianças de vários pontos do mundo que passaram por dificuldades ou que nasceram com alguma deficiência.
No estúdio estiveram presentes 3 das 12 crianças: Milagros Arauco (do Peru), Donald Ray Expore (dos EUA) e Anna Williamson (também dos EUA). Para além destas 3 crianças, uma equipa do programa não olhou a meios e foi a cada um dos países das outras 9 crianças para as entrevistar.

■ SEGUNDA-FEIRA, 6 DE OUTUBRO

Céline no espetáculo de Criss Angel

Céline Dion assiste, em Las Vegas, ao espetáculo de magia de Criss Angel.

■ **QUINTA-FEIRA, 9 DE OUTUBRO**

Concerto em DVD

É divulgado que o concerto que Céline Dion deu a 22 de agosto no Quebec será lançado em DVD a 11 de novembro.

■ **SEXTA-FEIRA, 10 DE OUTUBRO**

Céline no espetáculo de Bette Midler

Céline Dion assiste, no Caesars Palace de Las Vegas, ao espetáculo *The Show Girl Must Go On* de Bette Milder.

■ **SEGUNDA-FEIRA, 13 DE OUTUBRO**

Duetos de Pavarotti

É lançado o álbum *Pavarotti: The Duets* que inclui a canção "I Hate You Then I Love You" um dueto com Céline Dion.

■ QUARTA-FEIRA, 15 DE OUTUBRO

Billboard Touring Awards

A revista *Billboard* divulga os finalistas dos seus prémios Touring Awards, prémios da indústria dos concertos, que têm por base as receitas de bilheteira. Céline Dion, Madonna e as Spice Girls são finalistas na categoria "Boxscore" (Série de concertos, no mesmo local, mais lucrativa). As Spice Girls pelos seus 17 concertos na arena O2 em Londres, Madonna pelos seus 2 concertos no Stade de France, em Paris, e Céline Dion pelos seus 8 concertos no Centre Bell, em Montreal. Os prémios, que têm por base os valores entre 1 de outubro de 2007 e 30 de setembro de 2008, serão entregues a 20 de novembro, no hotel Roosevelt, em Nova Iorque.

■ TERÇA-FEIRA, 21 DE OUTUBRO

Sketch humorístico

É lançado no Quebec o DVD *Les Têtes à Claques Vol. 1*, contendo 45 sketches humorísticos dos quais um especial dedicado ao 40º aniversário de Céline Dion.

■ QUARTA-FEIRA, 22 DE OUTUBRO

Cerimónia de divulgação dos Grammys

É anunciado que Céline Dion será um dos convidados musicais da cerimónia de divulgação dos nomeados aos Grammys de 2009, que se realizará a 3 de dezembro no Nokia Theatre, em Los Angeles.

■ QUINTA-FEIRA, 23 DE OUTUBRO

Capa de revista portuguesa

Céline Dion é capa da primeira edição da revista portuguesa *Luxury & Glamour*.

■ SEGUNDA-FEIRA, 27 DE OUTUBRO

My Love à venda

É lançado na maioria dos países a compilação *My Love*.

Versão Norte-americana / Mundial:

Essential Collection:

01. Where Does My Heart Beat Now
02. Beauty and the Beast
03. If You Asked Me To
04. The Power of Love
05. My Love (versão ao vivo)
06. Because You Loved Me
07. The Power of the Dream
08. It's All Coming Back to Me Now
09. All by Myself
10. My Heart Will Go On
11. I'm Your Angel
12. That's the Way It Is
13. A New Day Has Come
14. I'm Alive
15. I Drove All Night
16. Taking Chances
17. There Comes a Time

Ultimate Essential Collection:

01. Where Does My Heart Beat Now
02. Beauty & The Beast
03. If You Asked Me To
04. Love Can Move Mountains
05. My Love (version ao vivo)
06. The Power of Love
07. (You make me feel like a) natural woman
08. Because You Loved Me
09. The Power of the Dream
10. It's All coming back to me now
11. All by Myself
12. Pour Que Tu M'aimes Encore
13. Tell Him

01. My Heart Will Go On
02. To Love You More
03. River Deep Mountain High
04. I'm Your Angel
05. The Prayer
06. That's the Way It Is
07. A New Day Has Come (Radio remix)
08. I'm Alive
09. I Drove All Night

10. Taking Chances
11. There Comes a time
12. Dance With My Father
13. I Knew I Loved You
14. My Love

Versão Europeia:

Essential Collection:

Ultimate Essential Collection:

01. My Heart Will Go On
02. Think Twice
03. It's All Coming Back to Me Now
04. A New Day Has Come
05. My Love (versão ao vivo)
06. Taking Chances
07. That's the Way It Is
08. The Power of Love
09. Because You Loved Me
10. Tell Him
11. Falling Into You
12. I Drove All Night
13. I'm Alive
14. All By Myself
15. Alone
16. Immortality
17. Beauty And The Beast
18. There Comes a Time

01. My Heart Will Go On
02. Think Twice
03. It's All Coming Back To Me Now
04. A New Day Has Come
05. My Love (versão ao vivo)
06. Taking Chances
07. That's the Way It Is
08. The Power of Love
09. Because You Loved Me
10. Tell Him
11. Falling Into You
12. I Drove All Night
13. I'm Alive
14. All By Myself
15. Alone
16. Immortality
17. Beauty & The Beast
18. There Comes A Time

01. River Deep Mountain High
02. One Heart
03. I'm Your Angel
04. Only One Road
05. Pour Que Tu M'aimes encore
06. You & I
07. To Love You More
08. Eyes On Me
09. Have You Ever Been In Love
10. The Reason
11. Seduces Me
12. First Time Ever I Saw Your Face
13. Dance With My Father
14. Misled
15. Love Can Move Mountains
16. Call The Man
17. Goodbye's The Saddest Word
18. The Prayer

Versão Francesa:

Essential Collection:

01. The Power Of Love
02. Falling Into You
03. Because You Loved Me
04. It's All Coming Back To Me Now
05. My Love (versão ao vivo)
06. All By Myself
07. Tell Him
08. My Heart Will Go On
09. Immortality
10. That's The Way It Is
11. A New Day Has Come
12. I'm Alive
13. Ten Days
14. I Drove All Night
15. Taking Chances
16. There Comes A Time
17. One Heart

Ultimate Essential Collection:

01. Where Does My Heart Beat Now
02. Beauty and the Beast
03. If You Asked Me To
04. Love Can Move Mountains
05. My Love (versão ao vivo)
06. The Power Of Love
07. Pour que tu m'aimes encore
08. Natural Woman
09. Because You Loved Me
10. Falling Into You
11. The Power Of The Dream
12. It's All Coming Back To Me Now
13. All By Myself
14. River Deep Mountain High
15. Tell Him

01. My Heart Will Go On
02. To Love You More
03. Immortality
04. I'm Your Angel
05. The Prayer
06. That's The Way It Is
07. A New Day Has Come
08. I'm Alive
09. Ten Days
10. I Drove All Night
11. One Heart
12. Taking Chances
13. There Comes A Time
14. Dance With My Father
15. I Knew I Loved You

■ TERÇA-FEIRA, 28 DE OUTUBRO

Céline não se inscreve

O *Journal de Montreal* revela que Céline Dion decidiu não se inscrever nos prémios Felix e por isso é que não foi nomeada. Segundo o jornal, desde 2004 que é necessário haver uma inscrição, por parte dos artistas, antes de serem nomeados.

■ QUARTA-FEIRA, 29 DE OUTUBRO

3 Concertos no México

É anunciado que Céline Dion dará 3 concertos no México em dezembro, um na Cidade Do México, outro em Guadalajara e outro em Monterrey.

Concerto adiado

Céline Dion adia o concerto que tinha agendado para o dia 30 em Minneapolis devido a uma infeção respiratória.

■ SEXTA-FEIRA, 31 DE OUTUBRO

A cantora mais marcante

O *Journal de Montreal* divulga uma sondagem sobre as canções e os artistas mais marcantes da história dos prémios da música quebequense, os Felix.

À pergunta: "Que intérprete feminina do ano vos marcou mais?" estes foram os resultados:

Céline Dion - 31,2%
Isabelle Boulay - 17,7%
Ginette Reno - 12,2%
Marie-Élaine Thibert - 7,8%
Lara Fabian - 6,5%

E à pergunta "Que canção do ano vos marcou mais?", estes foram os resultados:

Hélène (Roch Voisine) - 15%
Le Temps des Cathédrales (Bruno Pelletier) - 10,1%
Pour Que Tu M'aimes Encore (Céline Dion) - 9,7%
Gégénérations/Le Reel Du Fossé (Mes Aieux) - 9%
Le Blues Du Businessman (Luc Plamondon & M. Berger) - 8,9%

■ DOMINGO, 2 DE NOVEMBRO

Felix honorário

Céline Dion recebe um Felix honorário durante a 30ª Gala Adisq que também lhe prestou homenagem. Foi o seu 40º prémio Felix.

"Estou em choque" disse Céline Dion, *"e que bom choque vocês me deram"*. Com a voz a tremer, ela continuou: *"A primeira vez que subi a este palco para receber o prémio Felix eu estava a chorar e agora estou aqui outra vez"*. Céline disse que apesar dos muitos prémios que recebeu à volta do mundo, foi a sua relação com o Quebec que mais interessou. *"Foi aqui que tudo começou e aonde tudo continua... É como estar nos braços de uma mãe que diz que te ama"*.

■ SEGUNDA-FEIRA, 3 DE NOVEMBRO

Mais um concerto adiado

Céline Dion continua doente e adia o concerto do dia 4, em Chicago, para o dia 16 de dezembro.

Capa de todos os jornais

Céline Dion aparece na capa de todos os jornais do Quebec a propósito do Felix que recebeu na noite anterior.

■ QUINTA-FEIRA, 6 DE NOVEMBRO

Mensagem no *YouTube*

Para celebrar o lançamento de *My Love*, Céline grava um vídeo para o *YouTube* onde pede aos fãs para criarem um vídeo com as suas histórias de amor e inspiração, usando a música *My Love*.

■ **SEXTA-FEIRA, 7 DE NOVEMBRO**

Concerto em Otava

Céline Dion atua na capital canadiana, Otava.

■ **DOMINGO, 9 DE NOVEMBRO**

Novo adiamento

Céline Dion volta a piorar da infeção respiratória que teve e tem de adiar o concerto do dia 9 em Indianápolis.

Céline ganha um World Music Award

Céline Dion ganha um World Music Award na categoria "Artista Canadiana Que Mais Vendeu Durante o Ano" (novembro 2007 a outubro 2008).

■ **TERÇA-FEIRA, 11 DE NOVEMBRO**

DVD *Céline Sur Les Plaines*

É lançado no Canadá o DVD *Céline Sur Les Plaines* contendo o espetáculo que juntou Céline Dion e outros artistas no concerto comemorativo dos 400 anos do Quebec. Cem mil cópias são colocadas à venda.

Canções

1. Antes do Espetáculo
2. "Dans un autre monde"
3. "Destin"
4. "On Ne Change Pas"
5. "Sous Le Vent"
6. "Seul" (Garou)
7. "Si pour te plaire" (Marc Dupré)
8. "Tour près du bonheur" (com Marc Dupré)
9. "Show" (Nanette Workman)
10. "Lady Marmalade" (com Nanette Workman)
11. "J'irais ou tu iras" (com Nanette Workman)
12. "Tue-moi" (com Dan Bigras)
13. "Ô Fortuna" (Dan Bigras)
14. "Les trois petits cochons" (Dan Bigras e Mes Aieux)
15. "Ton père est un croche" (Mes Aieux)
16. "Le déni de l'evidence" (Mes Aieux"
17. Bastidores 1
18. "Dégénérations" (com Mes Aieux)
19. "Medley da Familia Dion: Jos Montferrand, La bastringue, Jack Monoloy, Le reel facile, Dans nos vielles maisons, Le bal chez Jos Brûlé, À la claire fontaine"
20. "La ballade de Jean Batailleur" (Zachary Richard)
21. "La promesse cassée (com Zachary Richard)
22. "L'arbre est dans ses feuilles" (com Zachary Richard)
23. "L'amour existe encore" (com Éric Lapointe)
24. Toucher (Éric Lapointe)
25. "Mon Ange (Éric Lapointe)
26. Bastidores 2
27. "La chasse-galerie" (Éric Lapointe, Garou, Claude Dubois)
28. Si Dieu Existe (com Claude Dubois)
29. "Femme de rêve" (Claude Dubois)
30. "Et s'il n'en restait qu'une (je serais celle-là)"
31. "S'il Suffisait D'aimer"
32. "Pour Que Tu M'aimes Encore"
33. "Une Chance qu'on s'a" (com Jean-Pierre Ferland)
34. "Un peu plus haut, un peu plus loin" (com Jean-Pierre Ferland e Ginette Reno)
35. Depois do Espetáculo

■ SÁBADO, 15 DE NOVEMBRO

Mais adiamentos

Céline Dion ainda não recuperou da infeção respiratória que teve e por isso continua a adiar mais concertos.

St. Louis: 11 novembro» 4 fevereiro
Tulsa: 13 novembro» 2 fevereiro
Kansas: 15 novembro» 3 janeiro
Omaha: 17 novembro» 26 fevereiro
Denver: 19 novembro» 24 fevereiro
Salt Lake City: 21 novembro» 22 fevereiro
San Jose: 23 novembro» 20 fevereiro

■ QUINTA-FEIRA, 20 DE NOVEMBRO

Billboard Touring Awards

As Spice Girls vencem na categoria "Boxscore" (Série de concertos, no mesmo local, mais lucrativa) nos Billboard Touring Awards. Céline Dion e Madonna eram as outras finalistas, mas acabaram por não ganhar.

■ SEXTA-FEIRA, 21 DE NOVEMBRO

Concerto cancelado

Céline Dion cancela definitivamente o concerto de San Diego, agendado para o dia 25 de novembro, devido a incompatibilidades entre a disponibilidade de Céline Dion e a disponibilidade da arena onde iria atuar.
É ainda anunciado que Céline irá atuar em Porto Rico, a 31 de janeiro de 2009, na cidade de San Juan.

■ SEGUNDA-FEIRA, 1 DE DEZEMBRO

"My Love" no *The Tonight Show*

Céline Dion canta "My Love" ao vivo no programa *The Tonight Show*, de Jay Leno.

■ QUARTA-FEIRA, 3 DE DEZEMBRO

"At Seventeen"

Céline Dion canta "At Seventeen", um original de 1975 da cantora Janis Lane, ao vivo na cerimónia de divulgação dos nomeados aos Grammys de 2009. Céline apresentou ainda os nomeados na categoria "Álbum Do Ano".

■ SEGUNDA-FEIRA, 8 DE DEZEMBRO

2 Duetos com Charles Aznavour

Charles Aznavour lança um álbum de duetos intitulado *Duos* que inclui duas canções com Céline Dion: "Toi et Moi" e "You And Me".

■ TERÇA-FEIRA, 9 DE DEZEMBRO

Concertos no México

Céline Dion atua pela primeira vez no México, mais propriamente na Cidade Do México, perante mais de 15 mil fãs.

■ **SEXTA-FEIRA, 12 DE DEZEMBRO**

Anunciado concerto em Windsor

É anunciado que Céline Dion atuará a 7 de fevereiro em Windsor, no Canadá.

■ **TERÇA-FEIRA, 30 DE DEZEMBRO**

Condecoração

Céline Dion é nomeada "Companions of the Order of Canada", em português "Companheiros da Ordem do Canadá". Trata-se da mais alta condecoração civil do Canadá.

A 2ª tournée mais lucrativa na América do Norte

A revista americana *Pollstar* divulga as tournées mais lucrativas de 2008 na América Do Norte. Céline Dion surge em 2º lugar com 94 milhões de dólares em receitas de bilheteira referentes a 44 concertos. O top 10 ficou ordenado da seguinte maneira:

#1 - Madonna - $105,3 milhões de dólares
#2 - Céline Dion - $94 milhões
#3 - Eagles - $73,4 milhões
#4 - Kenny Chesney - 72,2 milhões
#5 - Bon Jovi - $70,4 milhões

A 2ª tournée mais lucrativa no Mundo

No mesmo dia a revista *Pollstar* divulga também, e pela primeira vez, uma lista com as tournées mais lucrativas a nível mundial.

Céline Dion volta a aparecer em 2º lugar, novamente atrás de Madonna.

#1 - Madonna - $281,6 milhões de dólares
#2 - Céline Dion - $236,6 milhões
#3 - Bon Jovi - $176,3 milhões
#4 - Bruce Springsteen & The E Street Band - 165,8 milhões
#5 - The Police - $120,6 milhões

2 0 0 9

O ano 2009 ficou marcado pela final da tournée *Taking Chances*, pela morte de Michael Jackson e pelas notícias sobre a gravidez de Céline Dion.

No dia 26 de fevereiro, chegou ao fim a tournée *Taking Chances*, com Céline Dion a dar um concerto em Omaha, nos Estados Unidos. A digressão tornou-se na segunda mais lucrativa de sempre de um artista a solo.

A 25 de junho, o mundo ficou chocado com a morte de Michael Jackson, tal como Céline Dion, que nos dias seguintes deu várias declarações sobre a morte do cantor.

Mais tarde, a 18 de agosto, surgiu a notícia de que Céline Dion estava grávida, contudo em novembro é revelado que afinal a fertilização in vitro não tinha funcionado. Sucederam-se várias viagens a Nova Iorque para novas tentativas, todas elas falhadas e acompanhadas pela imprensa.

Já perto do final do ano, foi anunciado o lançamento de *Céline: Through the Eyes of the World,* um documentário sobre a tournée Taking Chances que chegaria aos teatros em fevereiro de 2010.

Dois mil e nove foi ainda um dos poucos anos em que Céline Dion não lançou nenhum novo álbum, contudo foi lançado o livro de fotos da tournée *Taking Chances - Céline Autour Du Monde -* assim como o DVD *Live À Quebec* e ainda uma re-edição do álbum *D'eux,* em comemoração do seu 15º aniversário.
Foram ainda lançados dois novos perfumes da marca *Celine Dion - Chic* pela *Coty* e *Spring In Provence* pela *Avon.*

■ TERÇA-FEIRA, 20 DE JANEIRO

Novo concerto adiado

É adiado o concerto de Céline Dion em Raleigh devido ao mau tempo que se fazia sentir na cidade e que dificultaria o trânsito.

■ QUINTA-FEIRA, 22 DE JANEIRO

Documentário sobre a Maman Dion

O canal quebequense TVA transmite um documentário sobre a mãe de Céline Dion – *Ce N'était Qu'un Rêve: La Vie de Maman Dion* – que inclui várias entrevistas, entre elas, uma com Céline Dion.

■ QUARTA-FEIRA, 28 DE JANEIRO

Mensagem de apoio

É divulgada uma mensagem de Céline Dion a apoiar a organização Code 3 For A Cure, que apoia bombeiros com cancro.

■ SEXTA-FEIRA, 30 DE JANEIRO

Donativas para África

É anunciado que a Fundação Céline Dion fará um donativo anual de 30 mil euros, durante os próximos 5 anos, à "African Children's Feeding Sheme", que apoia mães e crianças desfavorecidas em Soweto, a localidade que Céline visitou em 2008 quando esteve na África Do Sul.

■ TERÇA-FEIRA, 3 DE FEVEREIRO

3 Nomeações para os prémios Juno

São anunciados os nomeados para os prémios Juno, os mais importantes da música canadiana. Céline Dion recebe 3 nomeações:

Single Do Ano – "Taking Chances"
DVD Musical do Ano - *Live In Las Vegas: A New Day*
Juno Fan Choise – Escolha do Público

■ **SEXTA-FEIRA, 6 DE FEVEREIRO**

René fala sobre o regresso a Las Vegas

René Angélil revela ao *Journal de Montreal* que Céline Dion voltará para Las Vegas e que a data está apenas dependente de Céline Dion ficar grávida ou não. Se Céline engravidar o regresso fica adiado, se não engravidar a previsão é para o final de 2010.

■ **QUINTA-FEIRA, 12 DE FEVEREIRO**

Homem preso

Um indevido de 41 anos é detido pela polícia, por volta das 10 horas da manhã, enquanto tentava entrar na propriedade de René Angélil e de Céline Dion, na ilha Gagnon, em Laval, Quebec.

A partir do seu veículo estacionado em frente às barreiras de segurança da casa, o homem insistia em querer falar com Céline Dion. Os dois seguranças da casa viram-se obrigados a ligar para a polícia devido à insistência e à agressividade do homem. À chegada da polícia, o homem já tinha deixado o local. Foi contudo apanhado, alguns minutos mais tarde, quando voltou a tentar entrar para a propriedade.

O homem, que se apresentava confuso, segundo a polícia, foi levado para a esquadra onde foi interrogado. De seguida foi levado para um hospital para lhe ser feita uma avaliação psiquiátrica.

■ **SEXTA-FEIRA, 13 DE FEVEREIRO**

Prémio para René

René Angélil recebe um prémio de excelência na 29ª edição dos prémios Management Achievement, entregues pela Universidade McGill. A universidade quis honrar a capacidade de líder e de gestor de René Angélil no mundo do espetáculo.

■ SÁBADO, 14 DE FEVEREIRO

1 Ano de tournée

A tournée *Taking Chances* comemora um ano desde o primeiro concerto em Joanesburgo, na África Do Sul.

■ SEXTA-FEIRA, 20 DE FEVEREIRO

Chic – novo perfume

A *Coty* anuncia que será lançado em abril um novo perfume de Céline Dion, de nome *Chic*.

Spring In Provence – o outro novo perfume

A *Avon* anuncia que será lançado em março um novo perfume de Céline Dion, de nome *Spring In Provence*.

■ QUINTA-FEIRA, 26 DE FEVEREIRO

Tournée chega ao fim

Chega ao fim a tournée *Taking Chances*, com Céline Dion a dar um concerto em Omaha, nos Estados Unidos.

■ SÁBADO, 28 DE FEVEREIRO

René fala da tournée

René Angélil dá uma entrevista ao *Journal de Montreal* onde refere que está muito satisfeito com a tournée *Taking Chances*.

René refere que o pior momento foi em Winninpeg, nos EUA, onde Céline Dion estava muito cansada e fraca e René chegou a pensar que ela não iria conseguir terminar a tournée.

Quanto aos melhores momentos, René destaca os dois concertos em Tóquio, assim como os do Quebec e de Montreal e o momento em que conheceram Nelson Mandela.

■ DOMINGO, 1 DE MARÇO

O último programa antes da pausa

Céline Dion participa no programa quebequense *Star Académie*, onde canta "My Heart Will Go On", "Pour Que Tu M'aimes Encore", "Incognito" (em dueto com os Lost Finger) e um mega medley com os alunos onde se incluem "D'Amour Ou D'Amitie", "Unison", "Je Danse Dans Ma Tete", "Les Derniers Seront Les Premiers", "Because You Loved Me", "S'il Suffisait D'Aimer", "L'Amour Existe Encore", "Taking Chances", "I'm Alive" e "Dans Un Autre Monde".

■ SEGUNDA-FEIRA, 2 DE MARÇO

Biografia de René Angélil

É apresentado no Quebec o livro autobiográfico de René Angélil - *Le Maitre Du Jeu* - que contou com a presença de Céline Dion.

■ QUARTA-FEIRA, 4 DE MARÇO

Dueto com Zachary Richard

É divulgado que Céline Dion e Zachary Richard gravaram em dueto a canção "Acadian Driftwood", do grupo The Band, de 1975.

■ SEXTA-FEIRA, 6 DE MARÇO

Céline aprende espanhol

Segundo vários sites, Céline Dion está a ter aulas de espanhol para aprender um pouco da língua e lançar futuramente um álbum em espanhol.

■ QUINTA-FEIRA, 19 DE MARÇO

Spring In Provence

É lançado pela *Avon* o perfume *Spring In Provence*.

■ SEXTA-FEIRA, 20 DE MARÇO

Chegada de férias

Céline Dion aterra em Nova Iorque, vinda das suas férias nas Ilhas Maldivas.

■ **TERÇA-FEIRA, 24 DE MARÇO**

Viajem para a Florida

Céline Dion deixa Nova Iorque e viaja para a Florida na companhia da família.

■ **SEGUNDA-FEIRA, 30 DE MARÇO**

Céline não ganha nenhum Juno

Céline Dion não ganha nenhum dos prémios Juno para a qual estava nomeada.

■ **QUARTA-FEIRA, 1 DE ABRIL**

Chic

É lançado pela *Coty* o perfume *Chic*.

■ **TERÇA-FEIRA, 7 DE ABRIL**

Lançado novo dueto

É lançado o álbum *Last Kiss*, de Zachary Richard, que contem "Acadian Driftwood", o dueto entre Céline Dion e o cantor.

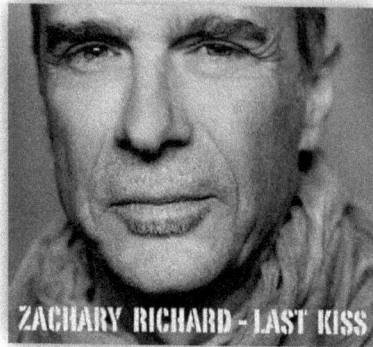

■ **QUINTA-FEIRA, 9 DE ABRIL**

René interessado em equipa de Hóquei

É revelado que a empresa *Productions Feeling Inc.*, de René Angélil, está entre as 10 entidades/pessoas interessadas em adquirir o clube de hóquei Montreal Canadiens, um dos mais famosos do Canadá.

■ **QUINTA-FEIRA, 16 DE ABRIL**

Um dos mais vendidos no Brasil

É revelado que o DVD *Live In Las Vegas: A New Day* foi o 19º mais vendido de 2008 no Brasil e o 4º se contarmos apenas lançamentos internacionais.

■ **SEXTA-FEIRA, 17 DE ABRIL**

Susan Boyle canta Céline Dion

Susan Boyle, a dona de casa de 47 anos que se tornou famosa no programa britânico *Britain's Got Talent*, canta um pouco de "My Heart Will Go On" durante uma entrevista para o programa *Larry King Live*, da CNN.

■ TERÇA-FEIRA, 28 DE ABRIL

Dueto com Jean Lapointe

O cantor Jean Lapointe, lança o álbum *L'eau*, contendo um dueto com Céline Dion, de nome igual ao título do álbum.

Dueto com Éric Lapointe

O cantor Éric Lapointe, lança uma compilação, intitulada *Ailleurs*, que contem "L'amour Existe Encore", o dueto com Céline que os dois cantaram no concerto dos 400 anos do Quebec.

■ **SÁBADO, 2 DE MAIO**

Morre Danny Gans

Céline Dion reage à morte de Danny Gans, um dos mais famosos come-diantes e impressionistas musicais de Las Vegas, que morreu no dia 1 de maio.

"Eu estou muito, muito triste, e completamente em choque por ouvir as notícias sobre o Danny". O René e eu gostávamos muito dele desde a primeira vez em que o vimos e o conhecemos no Casino Rio, em 1997. Ele era não só o melhor na sua área, como também era uma pessoa amável e maravilhosa. Cerca de um mês antes do meu último concerto no Caesars, o Danny e a sua mulher Julie, e os seus filhos, foram ver-me. Nós conversámos e rimo-nos durante mais de uma hora. Eu não posso acreditar que ele não está mais connosco, e o seu coração separou-se do da sua família. Eu desejo-lhes a força de Deus."

■ **SEGUNDA-FEIRA, 4 DE MAIO**

A mais influente do Canadá

A revista *Hello Canada* considera Céline Dion a mulher mais inspiradora e influente do Canadá.

■ **SEGUNDA-FEIRA, 11 DE MAIO**

Sensational nomeado para um prémio FIFI

O perfume *Sensational*, de Céline Dion, é nomeado para um FIFI Award, os prémios mais importantes da indústria das fragrâncias. É nomeado na categoria "Popular Appeal - Women", juntamente com:
- American Beauty Beloved;
- Bijan VIP Woman;
- Blue Seduction for Women by Antonio Banderas;
- Hilary Duff's Wrapped with Love;
- Samba Fresh Woman;

A cerimónia de divulgação dos vencedores realizar-se-á no dia 27 de maio em Nova Iorque.

■ QUARTA-FEIRA, 20 DE MAIO

Lançamento de *Live À Quebec*

O DVD *Live À Quebec* que contem o concerto gratuito que Céline Dion deu a 22 de agosto de 2008, no Quebec, é lançado em França. Para além da versão normal foi lançada uma versão para colecionadores que contem 10 fotos do concerto, autografadas por Céline Dion.

■ SEXTA-FEIRA, 29 DE MAIO

Sensational não ganha

O perfume *Sensational*, de Céline Dion, não ganha o prémio FIFI para o qual estava nomeado.

Live À Quebec em 1º lugar

O DVD *Live À Quebec* entra diretamente para o 1º lugar do top de vendas de DVD's musicais em França e na região francesa da Bélgica, a Valónia. Estreia ainda em 10º lugar na Flandres.

■ QUARTA-FEIRA, 3 DE JUNHO

Homenagem a Adhémar

A Fundação do hospital Pierre-LeGardeur, no Quebec, anuncia que uma das suas unidades de cuidados paliativos terá o nome de Adhémar Dion. O nome "Casa Adhémar Dion" foi escolhido para homenagear a memória do pai de Céline Dion.

■ TERÇA-FEIRA, 16 DE JUNHO

Paul Potts fã de Céline

O cantor Paul Potts revela numa entrevista que é fã de Céline Dion e que gostaria de gravar um dueto com ela.

■ QUARTA-FEIRA, 17 DE JUNHO

René Angélil condecorado

René Angélil é condecorado, pelas mãos do primeiro-ministro do Quebec, com a mais alta distinção do governo quebequense, a "Officier de l'Ordre National du Quebec".
Na cerimónia estiveram presentes Céline Dion, René-Charles, agora com um cabelo mais curto, assim como os outros filhos de René Angélil.

"É uma grande honra. Estou muito comovido, tenho muito orgulho em ser quebequense, muito orgulho sobretudo para a minha família" disse René.

■ SEXTA-FEIRA, 19 DE JUNHO

Marcha contra o cancro

Céline Dion e parte da sua família participam numa caminhada, em Repentigny, no Quebec, para angariar dinheiro para a investigação contra o cancro.

■ TERÇA-FEIRA, 23 DE JUNHO

A 2ª que mais dinheiro ganhou

A revista *Forbes* divulga a lista dos artistas que mais dinheiro ganharam entre junho de 2008 e junho de 2009. Céline Dion aparece em segundo lugar atrás de Madonna.

Lançada primeira pedra

É lançada a primeira pedra da obra "Maison Adhémar Dion", um evento que contou com a presença de Céline Dion e do resto da sua família. Trata-se de uma casa, situada em Terrebonne, Quebec, que deverá estar concluída em 2010, e que servirá para acolher até 12 pessoas com cancro, já em fase terminal, e cujo único tratamento que lhes resta são os cuidados paliativos.

■ **QUINTA-FEIRA, 25 DE JUNHO**

Morre Michael Jackson

Morre Michael Jackson. Poucas horas depois da sua morte, Céline Dion fala em direto para vários canais de televisão do Quebec, assim como para o programa de Larry King, na CNN. Céline diz que está chocada com o que aconteceu com Michael Jackson.

■ **DOMINGO, 28 DE JUNHO**

Inaugurada joalharia

É inaugurada, em Pequim, uma joalharia criada por Céline Dion em parceria com a apresentadora chinesa Yan Lang. Céline não esteve presente mas enviou uma mensagem em vídeo.

■ **SEGUNDA-FEIRA, 29 DE JUNHO**

Céline fala sobre Michael Jackson

Céline Dion volta a falar da morte de Michael Jackson, desta vez no programa *On The Record*, do canal Fox News.

■ TERÇA-FEIRA, 30 DE JUNHO

Compilação de Jazz

É lançada a compilação *Nos Stars Célèbrent le Jazz à Montreal* para come-morar os 30 anos do Festival de Jazz de Montreal. "Nature Boy" de Céline Dion é uma das canções presentes no álbum.

As tournées mais lucrativas

A revista *Pollstar* divulga a lista das tournées mais lucrativas na primeira metade do ano a nível mundial. Céline Dion aparece em 10º lugar, com 42,6 milhões de dólares angariados nos 25 concertos que deu em janeiro e fevereiro, já no final da tournée *Taking Chances*.
A lista é dominada pelos AC/DC (150,6 milhões de dólares), seguidos por Tina Turner ($83,5 milhões) e Britney Spears ($74,6 milhões).

■ QUARTA-FEIRA, 1 DE JULHO

Reconhecida pela fotografia

Celebra-se o Dia Nacional do Canadá e é divulgado um estudo em que foi perguntado aos canadianos se reconhecem uma determinada perso-nalidade através da sua fotografia.

Céline Dion aparece como a 2ª figura que os canadianos mais reconhe-cem através de uma fotografia, com 88% das pessoas a reconhecerem-na.

O mesmo estudo revela que apenas 41% dos canadianos reconhecem o seu primeiro primeiro-ministro através de uma fotografia e apenas 49% reconhecem o seu governador-geral.

À frente de Céline Dion, com 89%, aparece Terry Fox, um jovem atleta canadiano, que se tornou num herói nacional. Morreu em 1981, com 22 anos, vítima de um cancro. Meses antes de morrer foi-lhe amputada uma perna. Com uma prótese, percorreu mais de 5 mil quilómetros durante 143 dias, numa maratona para angariar fundos para o tratamento do cancro.

O estudo mostra ainda que, a província onde Céline Dion é mais reconhecida é, como já seria de esperar, o Quebec.

Resultados por Província:
Columbia Britânica: 88%
Alberta: 90%
Saskatchewan / Manitoba: 93%
Ontario: 84%
Quebec: 96%
Outras: 77%

Resultados por Idade:
18-34: 90%
35-54: 88%
55+: 86%

■ QUARTA-FEIRA, 8 DE JULHO

"My Heart Will Go On" no filme Brüno

Estreia o filme *Brüno* que inclui a canção "My Heart Will Go On" de Céline Dion.

■ SEXTA-FEIRA, 10 DE JULHO

Concerto da *Star Académie*

Céline Dion e René Angélil assistem a um concerto da *Star Académie*, no Centre Bell, em Montreal.

■ TERÇA-FEIRA, 21 DE JULHO

Torneio de golfe solidário

Realiza-se, no clube de golfe *Le Mirage*, em Terrebonne, o 4º torneio de golfe anual da Fundação Maman Dion.

O evento, que contou com a presença de Céline Dion e de várias personalidades do Quebec, entre elas a amiga e apresentadora Julie Snyder, conseguiu angariar 775.000 dólares canadianos, que serão distribuídos por 2.000 crianças desfavorecidas do ensino primário e secundário, para que comprem o material escolar e as roupas necessárias para o próximo ano letivo.

■ TERÇA-FEIRA, 18 DE AGOSTO

Grávida

O *Journal de Montreal* revela que Céline Dion tem estado em Nova Iorque a realizar tratamentos de fertilidade e que ela soube no dia 17 que estava grávida.

Site oficial confirma gravidez

O site oficial de Céline Dion confirma que ela está grávida e que o bebé deverá nascer em maio de 2010.

■ QUARTA-FEIRA, 19 DE AGOSTO

Notícia da gravidez corre mundo

A gravidez de Céline Dion é falada na imprensa de todo o mundo, incluindo na portuguesa.

■ TERÇA-FEIRA, 1 DE SETEMBRO

Nova canção para Céline Dion

O jornal quebequense *La Presse* revela que o cantor Jean-Pierre Ferland escreveu e compôs uma nova canção para o seu álbum, mas Céline Dion gostou tanto da canção que lhe pediu para a poder gravar para o seu próximo álbum em francês. A canção chama-se "Je N'ai Pas Besoin D'amour" (Eu não preciso de amor).

■ QUINTA-FEIRA, 10 DE SETEMBRO

Primeiras fotos do livro da tournée

A revista *Paris Match* publica as primeiras fotos do livro *Céline Autour Du Monde,* assim como uma foto de René-Charles com o cabelo cortado, uma imposição feita pela escola que frequenta.

■ SEGUNDA-FEIRA, 14 DE SETEMBRO

Nomeada para os prémios Felix

Céline Dion é nomeada em duas categorias dos prémios Felix, os mais importantes da música do Quebec. Uma na categoria "Artista Quebequense Mais Ilustre Fora Do Quebec" e outra na categoria "DVD do Ano". Os nomeados são:

Artista Quebequense Mais Ilustre Fora do Quebec
- Céline Dion
- Les Cowboys Fringants
- Malajube
- Pascale Picard Band
- The Lost Fingers

DVD do Ano:
- Disques Indica, Vulgaires Machins por *Presque Sold Out,* Vulgaires Machins
- Musicor Produits Spéciaux por *Quebec 1608-2008/ Souvenirs du 400e anniversaire,* Artistes variés
- Productions Feeling, Productions J por *Céline Sur Les Plaines,* Artistes varies

Céline faz publicidade a restaurantes

Céline Dion aparece num novo anúncio publicitário aos restaurantes *St-Hubert*.

Todos os anos uma celebridade grava um anúncio para o restaurante e doa o dinheiro que iria receber a uma instituição de caridade à sua escolha.

Céline escolheu doar a sua parte à Associação Quebequense da Fibrose Quística.

■ TERÇA-FEIRA, 15 DE SETEMBRO

Mensagem para Whitney Houston

Céline Dion aparece no programa da Oprah Winfrey com uma mensagem para Whitney Houston:

"Tu sabes, eu cresci a ouvir-te e tudo o que cantaste inspirou-me. A tua música toca-me profundamente. Estou muito contente por estares de volta. Foi uma espera muito longa. Tinha-mos saudades tuas, muitas. Gosto muito de ti".

■ QUARTA-FEIRA, 23 DE SETEMBRO

"Taking Chances" na série Glee

Uma das personagens da série Glee, do canal norte-americano Fox, canta "Taking Chances" de Céline Dion.

■ QUINTA-FEIRA, 24 DE SETEMBRO

Lançamento de *Céline Autour Du Monde*

É lançado em França, e nas regiões de língua francesa da Bélgica e da Suíça, o livro de fotos da tournée *Taking Chances - Céline Autour Du Monde*.

■ **QUARTA-FEIRA, 14 DE OUTUBRO**

Céline em Nova Iorque

Céline Dion é fotografada a entrar e a sair do hotel Ritz-Carlton em Nova Iorque.

■ **SEGUNDA-FEIRA, 26 DE OUTUBRO**

Jogo de Basebol

Céline Dion e René Angélil assistem a um jogo de basebol na Florida.

Prémios Felix – DVD ganha

São entregues os prémios Felix no Quebec. Céline Dion estava nomeada na categoria "Artista Quebequense Mais Ilustre Fora Do Quebec" mas acabou por perder para a Pascale Picard Band.
Já o DVD *Céline Sur Les Plaines*, que estava nomeado na categoria "DVD do Ano", acabou por vencer. O prémio é entregue à produção do DVD - *Productions Feeling e Productions J*.

■ **SEGUNDA-FEIRA, 2 DE NOVEMBRO**

A mulher mais influente do Quebec

A revista *Châtelaine* revela uma sondagem feita no seu site, em que pedia aos seus leitores para escolherem as 100 mulheres quebequenses mais influentes de 2009. Céline Dion foi considerada a mais influente.

#1 - Céline Dion
#2 - Julie Payette
#3 - Véronique Cloutier
#4 - Chantal Petitclerc
#5 - Julie Snyder
#6 - Louise Arbour
#7 - Pauline Marois
#8 - Lise Watier
#9 - Denise Filiatrault
#10 - Denise Bombardier

■ **TERÇA-FEIRA, 3 DE NOVEMBRO**

Casa continua em obras

Surgem fotos e um vídeo das obras que estão a decorrer para construir a nova casa de Céline Dion na Florida.

■ **QUARTA-FEIRA, 11 DE NOVEMBRO**

Céline perde o bebé

O *Journal de Montreal* confirma as notícias que surgiram nas últimas horas do dia 10: Céline Dion não está mais grávida. O jornal falou telefonicamente com René Angélil que confirmou a situação.

René disse que Céline já não está grávida há algum tempo, que a fertilização in vitro realizada em agosto não funcionou e que no mês passado tentaram uma segunda vez essa técnica mas voltou a não dar resultado. Este fim de semana vão voltar a Nova Iorque para fazerem um terceiro ensaio.

"Nós vivemos a realidade da maioria dos casais que recorrem a estas técnicas de procriação. O caminho pode ser longo e árduo. Isto não funciona sempre como foi o caso da primeira vez com René-Charles. Em agosto passado o Dr. Zev

Rosenwaks acreditava que a gravidez tinha começado bem. Ora, não foi o caso. Nós só soubemos uns dias mais tarde. Ficamos em choque" disse René.

"Foi negativo. Mas vocês conhecem a Céline, ela não desiste. Eu admiro as mulheres que passaram por processos tão exigentes. Depois de abril passado, ela submeteu-se a numerosos exames, à injeção de hormonas e a numerosas doses de sangue. Temos de ir frequentemente a Nova Iorque. A Céline e eu não estamos desencorajados porque nós já temos um filho extraordinário em René-Charles. Não é como se não tivéssemos um filho. Portanto nós temos confiança na vida e na nossa estrela da sorte".

"Os médicos estão otimistas e lembram-nos que é normal num processo de procriação ser necessário fazer várias tentativas" acrescentou René.

Céline não estava grávida

O porta-voz americano de Céline Dion, Kim Jakwerth, fala sobre o que se passou com ela:

"Quando a informação [da gravidez] começou a circular publicamente, Dion confirmou-a. Mas uns dias depois ela soube que o embrião não tinha sido implementado com sucesso.

Dion não anunciou logo que não estava grávida porque ela esperava que outra implementação viesse a resultar, e queria manter o assunto privado".

■ SÁBADO, 14 DE NOVEMBRO

Em Nova Iorque

Céline Dion e René Angélil são fotografados a entrar e a sair do hotel Ritz-Carlton em Nova Iorque.

Céline pinta prato para caridade

São leiloados um total de 63 pratos pintados por celebridades a favor da Winnipeg Harvest, uma associação que distribui comida pelos mais necessitados.

Um desses pratos foi pintado por Céline Dion, que o aceitou fazer quando deu o seu concerto da tournée *Taking Chances* na cidade de Winnipeg.

No total, os pratos leiloados renderam mais de 235.000 dólares.

■ SEGUNDA-FEIRA, 16 DE NOVEMBRO

"My Heart Will Go On" a melhor

"My Heart Will Go On" é considerada a melhor canção #1 dos tops franceses dos últimos 25 anos, segundo uma sondagem do site *chartsin-france.net*. Também "Pour Que Tu M'aimes Encore" aparece na lista, em 4º lugar.

■ TERÇA-FEIRA, 17 DE NOVEMBRO

Um documentário sobre a tournée

Decorre, num teatro de Los Angeles, a exibição da antevisão de um documentário sobre a tournée *Taking Chances*.

■ SÁBADO, 21 DE NOVEMBRO

Novas fotos da casa

Surgem novas fotos da construção da casa de Céline Dion na Florida, onde se destaca um parque aquático.

■ SEGUNDA-FEIRA, 23 DE NOVEMBRO

Mensagem de incentivo

É divulgado um vídeo em que Céline Dion encoraja a atleta canadiana de esqui, Jennifer Heil, a ganhar novamente uma medalha de ouro, desta vez nos Jogos Olímpicos de Inverno de Vancouver, em 2010.

■ **SEXTA-FEIRA, 27 DE NOVEMBRO**

D'eux – Edição do 15º aniversário

É lançado em França, e noutros países europeus como a Bélgica, Alemanha, Suíça e Finlândia, a edição comemorativa dos 15 anos do álbum *D'eux*.

■ **DOMINGO, 29 DE NOVEMBRO**

Jogo de basquetebol

Céline Dion, René Angélil e René-Charles assistem, em Miami, a um jogo de basquetebol entre as equipas Boston Celtics e Miami Heat. René-Charles vestiu uma camisola da equipa Miami Heat.

■ **TERÇA-FEIRA, 1 DE DEZEMBRO**

De volta para Las Vegas

Gérard Schachmès, o autor do livro *Céline Autour Du Monde*, revela numa entrevista para a rádio BEL-RTL que Céline Dion terá em breve um novo espetáculo em Las Vegas durante 3 anos.

■ **QUINTA-FEIRA, 3 DE DEZEMBRO**

Novidades

O *Journal de Montreal* e o *USA Today* revelam várias novidades sobre Céline Dion.

Uma delas é que os dirigentes da *Sony Pictures* aprovaram o lançamento do documentário sobre a tournée *Taking Chances. Céline: Through the Eyes of the World* (Céline: Através Dos Olhos Do Mundo) deverá ter 112 minutos e está previsto ser lançado nos EUA e Canadá a 9 de maio de 2010 e exibido apenas 7 ou 8 vezes em cada teatro.

Outra das novidades é que a terceira tentativa de Céline Dion para ter um segundo filho voltou a não resultar. Céline Dion não está grávida, disse René Angélil.

Por fim, é revelado que há uma grande probabilidade de Céline Dion voltar a Las Vegas. *"Eu imagino-me a atuar em Las Vegas, mas apenas quando René-Charles tiver férias"*, disse Céline Dion.

Foi ainda revelado que Céline poderá lançar um novo álbum em inglês no verão de 2010.

Fogo-de-artifício em homenagem a Céline

É anunciado que Céline Dion será homenageada na primeira edição do "Feu des étoiles de l'International des Feux Loto-Quebec", um festival quebequense de fogo-de-artifício que decorrerá a 10 de julho de 2010. Durante 30 minutos, os maiores sucessos de Céline Dion, em inglês e francês, servirão de banda sonora a um grande espetáculo de fogo-de-artifício, onde são esperadas 300.000 pessoas.

■ SEXTA-FEIRA, 4 DE DEZEMBRO

Jonas Brothers fãs de Céline Dion

A banda norte-americana Jonas Brothers revela que quer fazer um dueto com Céline Dion.

Vocês já colaboraram com Demi Lovato e Miley Cyrus, que cantora se segue na vossa lista de desejos?

Nick: "Céline Dion". Ela é fantástica. Eu adoro a sua canção 'A New Day Has Come'. Essa e a do Titanic".

Joe: "Eu adoro a sua versão da canção de Roy Orbison, 'I Drove All Night'."

Kevin: "Yeah, ela tem a melhor voz de sempre. Trabalhar com uma lenda como ela seria uma grande honra".

Considerando a diferença de idades, isso não seria como trabalhar com a vossa mãe?

Kevin: "Atualmente, eu acho que a sua presença é tão incrível e apaixonante que isso nem sequer interessaria. A sua voz e a sua arte passariam por cima de tudo isso".

Especial de Natal da *Disney*

Céline Dion grava duas canções para o especial de Natal do canal ABC, a 26ª Parada Anual de Natal da Walt Disney.

Céline Dion cantou (em playback) "Don't Save It All For Christmas Day" e "O' Come All Ye Faithful" acompanhada por um coro composto por dezenas de cantores.

A gravação do programa decorreu no Grand Floridian Resort & Spa Hotel da *Disney*, na Florida.

■ **SEGUNDA-FEIRA, 7 DE DEZEMBRO**

Mais um jogo de basquetebol

Céline Dion, René Angélil e René-Charles assistem a um jogo de basquetebol no Madison Square Garden, em Nova Iorque.

■ **TERÇA-FEIRA, 8 DE DEZEMBRO**

Duas canções para Céline

É revelado que Jean-Pierre Ferland enviou recentemente duas canções para Céline Dion, uma em francês e outra em inglês, cujo título é "No One Kisses Like You".

■ **QUARTA-FEIRA, 9 DE DEZEMBRO**

Céline continua em Nova Iorque

Céline Dion é fotografada a sair do hotel Ritz-Carlton, em Nova Iorque.

■ QUINTA-FEIRA, 10 DE DEZEMBRO

Documentário em fevereiro

O lançamento do documentário *Celine: Through The Eyes Of The Word* é antecipado para fevereiro de 2010.

■ SEXTA-FEIRA, 11 DE DEZEMBRO

Às compras em Nova Iorque

Céline Dion é fotografada a fazer compras numa loja de doces em Nova Iorque, a *Dylan's Candy Bar*.

■ SEGUNDA-FEIRA, 14 DE DEZEMBRO

Novo penteado

Céline Dion é fotografada a entrar e a sair do salão de cabeleireiro *John Frieda*, em Nova Iorque, onde foi mudar de penteado.

■ QUINTA-FEIRA, 17 DE DEZEMBRO

15 Anos de casamento

Celebra-se o 15º aniversário do casamento de Céline Dion e René Angélil.

■ SEXTA-FEIRA, 18 DE DEZEMBRO

As datas do documentário

São anunciadas as datas em que o documentário *Celine: Through The Eyes Of The World* será exibido nos EUA e Canadá, assim como o seu primeiro trailer oficial.

Serão apenas oito os dias de exibição:
17, 18, 20, 21, 22, 25, 27 e 28 de fevereiro.

■ SÁBADO, 19 DE DEZEMBRO

A 2ª em receitas de bilheteira

A revista *Pollstar* divulga a sua lista dos cantores que mais receitas tiveram com a venda de bilhetes de concertos, na América Do Norte, durante a década.
Céline Dion aparece em 2º lugar com 522,2 milhões de dólares em receitas de bilheteira e 4 milhões de bilhetes vendidos.

#1 - Dave Matthews Band - $529,1 milhões; 11,6 milhões espetadores
#2 - Céline Dion - $522,2 milhões; 4 milhões espetadores
#3 - Kenny Chesney - $455,6; 8,6
#4 - Bruce Springsteen - $444,3; 5,7
#5 - The Rolling Stones - $426,9; 3,2
#6 - U2 - $391; 4,4
#7 - Madonna - $325,3; 2,1
#8 - Eagles - $313,4; 2,8
#9 - Elton John - $286,4; 2,5
#10 - Jimmy Buffett - $285,8; 4,5

■ TERÇA-FEIRA, 22 DE DEZEMBRO

A canção sueca mais tocada na Suécia

É divulgado que "I'm Alive" de Céline Dion é a canção, escrita por suecos, mais tocada da década nas rádios da Suécia.

■ SÁBADO, 26 DE DEZEMBRO

O 3º perfume mais vendido

Segundo um estudo da empresa *Euromonitor*, o perfume *Celine Dion* foi o 3º mais vendido em 2008 nos Estados Unidos, com receitas de 26,4 milhões de dólares.

#1 - Elizabeth Taylor - White Diamonds ($67,2 milhões de dólares)
#2 - Sean Diddy Combs - Unforgivable ($48,5m)
#3 - Céline Dion - Celine Dion ($26,4m)
#4 - Sarah Jessica Parker - Lovely ($25,7m)
#5 - Derek Jeter - Driven ($24,1m)
#6 - Antonio Banderas - Diavolo ($18,8m)
#7 - J.Lo - Glo ($18,5m)
#8 - Britney Spears - Curious ($14,3m)
#9 - Britney Spears - Fantasy ($10,1 million)

■ **QUINTA-FEIRA, 31 DE DEZEMBRO**

A artista da década

Segundo uma sondagem do *Journal de Montreal*, Céline Dion é considerada pelos quebequenses a artista da década no Quebec.

TESTEMUNHOS DE FÃS

Os fãs são a grande razão porque continuo com o site ao fim destes 5 anos. É para eles que o site existe e é para eles que escrevo este livro. Por isso, quis também incluir nesta obra alguns testemunhos de fãs, sobre estes últimos 5 anos da carreira de Céline Dion, assim como uma mensagem de aniversário para o site.

Está tudo voltando para mim agora: todos os momentos emocionados pela tristeza e/ou alegria em nossa vida que passamos nos últimos cinco anos escutando as músicas incríveis da Céline Dion. Nós crescemos, ela também. Tornamo-nos seres mais sensíveis aos problemas do mundo, e principalmente humanitários, valorizando o ideal de amor, esperança, fé e compaixão que pregam as letras das músicas que escutamos com tanta frequência.

Céline, por sua vez, cresceu como pessoa, se desenvolvendo no seu papel como mãe, esposa, artista e modelo de ser, tocando com cada palavra bem cantada nossos corações e despertando os sentimentos que às vezes estavam escondidos bem no fundo de nossa alma e que precisamos lembrar para superar todas as dificuldades de nossa vida.

O site cresceu proporcionando uma melhor divulgação com o trabalho da artista e abrindo espaço para os fãs colaborarem.

Devemos reconhecer e agradecer a Deus por ter dado esse presente tão valioso que é a voz encantadora de Céline e termos descoberto seu talento para superarmos as dificuldades apresentadas em nosso quotidiano.

Mensagem de Aniversário:
Grande conquista, 5 anos, conheço-o há aproximadamente 2 anos e sempre me encanta escutar as músicas cantadas pelos fãs na sessão de downloads, pois trata-se de um espaço aberto em que temos a oportunidade de acompanhar o trabalho de outros fãs.

Rafael Camilo,
Patos de Minas - Brasil

Essa meia década foi movimentada, se tratando de Céline Dion. Ela terminou seu espetáculo *A New Day*, em Las Vegas, lançou vários CD's, como o D'elles, que foi número 1 na França, *o Taking Chances* e as coletâneas *On Ne Change Pas* e *My Love*. E, no início de 2008 começou uma tournée mundial, a *Taking Chances World Tour*, terminando em março de 2009.

Esses 5 anos contam com grandes shows, como o dos 400 anos de Quebec, que resultou no DVD *Céline: Sur Les Plaines*, um dos seus melhores shows. Não posso deixar de falar de suas apresentações, como quando cantou "My Love", na Oprah, emocionando a todos que assistiam, quando cantou "I Knew I Love You", no Óscar em 2007 e a sua apresentação no *American Idol*.

Nesse período de tempo, Céline lançou vários sucessos, em inglês e francês, como "Immensité", "A Cause", "On s'est aimé à cause", "Taking Chances", "Eyes On Me", "A World To Belive In" e "Alone". Não foi a toa que Céline recebeu vários prémios de melhor cantora.

Eu, com certeza, sou uma fã novata, mas não levo muito em consideração o tempo que alguém é fã. Comecei a gostar da Céline dia 28 de setembro de 2009 e, em menos de um mês, já tinha os CD's *Taking Chances* e *My Love* e o DVD *A New Day... Live in Las Vegas*. Hoje, em 4 meses de fanatismo eu tenho 12 CD's (*1 fille & 4 types, All the Way... A Decade of Song, Let's Talk About Love, A New Day Has Come, Live a Paris, Divas Las Vegas, Amour, For You, My Love, Taking Chances, The Colour of My Love* e *Unison*), 4 DVD's (*A New Day... Live In Las Vegas, All the Way... A Decade of Song e Video, Divas VH1* e *Divas Las Vegas*) e uma camiseta com a estampa da Céline.

Mensagem de Aniversário:
O CelineDionPT é o site mais completo, em português, dedicado a Céline. Visito ele desde novembro e adoro muito. O que mais gosto é a parte dos downloads, onde tem várias músicas e vídeos interessantes e, é claro, a parte das notícias, que sempre são atualizadas e trazem as melhores informações sobre a Céline.

Patrícia Barsanti,
Porto Alegre - Brasil

Desde 2005 até aos dias de hoje que a Céline tem vindo a evoluir imenso na sua carreira. Quando ela atuava em Las Vegas, acho que esses espetáculos eram excelentes. Gostava muito de ter tido o privilégio de ver um show destes ao vivo. Gostava que a sua *Taking Chances Tour* tivesse passado por Portugal. Adorei a sua atuação de "Simply the Best" porque conseguiu ser muito melhor que a Tina Turner e adorei o álbum *Taking Chances*. Marcou-me um bocado a notícia em que se pensava que ela estava à espera do seu segundo filho, espero que esta última tentativa resulte. Desde criança que sou fã da Céline e continuo a adorá-la.

Mensagem de Aniversário:
Acho que este site é simplesmente espetacular, onde podes encontrar tudo sobre a Céline! Eu só comecei a frequentar este site desde de maio de 2009, até então não tinha conhecimento deste site. Quando comecei a frequenta-lo, gostei muito porque sempre quis encontrar vídeos da Céline e fiquei a saber algumas curiosidades sobre ela que não sabia. Penso que este site evolui desde há 5 anos para cá, apesar de ter reparado nele há menos de um ano. Adoro este site magnífico! Acho que este site deve continuar para sempre porque esta mulher é fantástica.

Tânia Custódio,
Ourém - Portugal

Falar de Céline Dion é falar da história da música mundial. É, também, falar de família, de superação, de sucesso - e acima de tudo, de amor. Tenho certeza de que todo indivíduo no mundo tem uma música de Céline compondo sua trilha sonora. A vida da diva demonstra que não só de alegrias vive o ser humano; ao contrário. Entre inúmeras surpresas e tristezas, Céline Dion demonstrou haver dentro de si uma força inimaginável, superando e ajudando a superar. Sua história serve de exemplo a todos aqueles que não se encontram em posição confortável na vida, entre mortes de pessoas queridas, doenças e a vontade de realizar um sonho quando este parece ser imaterializável.

Sua carreira inspira não apenas musicalmente, mas também através de seus atos, na eterna simpatia de ser, na alegria demonstrada pelo simples fato de existir e fazer aquilo que gosta. O prazer de cantar é sentido notoriamente por aqueles que lhe seguem ou mesmo por quem não conhece com afinco seu trabalho.

A vida de Céline Dion, se filme fosse, seria difícil de enquadrar em apenas um género: o drama recorrente em sua vida mesclado à comédia do jeito de agir da cantora lhe concede o romantismo passado em sua voz e interpretação.

De uma simplicidade e clareza tão grandes, às vezes sentimos que fazemos parte da história e da carreira e da vida e da família de Céline Dion.

Mensagem de Aniversário:

Falou-se em família? Falou-se em CelineDionPT. Trazendo-nos informações precisas e sempre atualizadas, o site nos dá a sensação de estarmos acompanhando todos os passos da estrela Céline. Cinco anos de existência; cinco anos de trabalho; cinco anos de informações e satisfações proporcionadas aos fãs de Dion. Que esses cinco anos se transformem em cinco décadas. Que ultrapasse os limites cronológico da vida de Céline Dion, imortalizando-a na diva que já é. CelineDionPT: through all the way.

Cláudio Fazio,
Recife - Brasil

Durante esses últimos cinco anos pudemos ver uma nova Céline, a mulher Céline e a artista Céline Dion, vimos o quanto ela é amada e o quanto ela nos ama, vimos o show em Las Vegas, um marco para história do entretenimento mundial.

Pudemos conhecer a Céline humana, generosa, sempre preocupada e também frágil, descobrimos que ela também é feita de carne e osso com seus erros e é melhor ainda com suas maiores qualidades. Observámos a tournée *Taking Chances* - não podemos dizer que em 100% dos shows ela estava ótima mas com certeza ela deu o seu melhor, mesmo doente ela pensava em não nos desapontar, vimos falhas técnica (playback que pulou) foi engraçado porque mostrou que a equipa dela também erra o que faz ela ser a melhor cantora do mundo, com um talento de tirar o fôlego sendo divina e porem humana nesses últimos 5 anos aprendi a amar mais essa mãe, filha, esposa, artista.

Mensagem de Aniversário:
Como não poderia deixar de ser, você só cresce positivamente com coisas e pessoas positivas e eu cresci muito, não só por esse site ser em homenagem a Céline Dion, mas também e tão importante quanto pelas pessoas que fazem esse site ser o que é.
Beijos do Brasil.

William da Costa,
Rio de janeiro - Brasil

É realmente notável que ao fim de quase 30 anos o furacão Céline Dion continua a surpreender os fãs. Ao fim de cinco exaustivos anos em Las Vegas quis dar ao mundo um pouco mais de si e percorreu-o de lés a lés para que todos pudessem contemplar aquela que foi a maior tournée do sec. XXI. Eu pessoalmente como apreciador de rock e heavy mental estou bastante surpreendido com os últimos trabalhos desta grande senhora da música, o seu álbum *Taking Chances* mostra que Céline Dion tem voz para tudo o que seja musica e todos querem trabalhar com ela. Mais de 200 milhões de discos vendidos em todo o mundo são prova que a diva é mesmo a "DIVA", património mundial, não menos gloriosa que uma ruína de Petra. Neste mundo que atravessa eras tão conturbadas devemos agradecer a sua existência. Bem-haja!

Mensagem de Aniversário:
Parabéns ao site CelineDionPT, 5 anos de boa informação e devoção, que eu visito regularmente.

Ricardo Fonseca,
Estremoz - Portugal

Falar dos últimos 5 anos sobre a carreira de Céline Dion não é tão fácil, muitos acontecimentos, para além dos shows em Vegas em 2005, nesse mesmo ano Céline lançou uma coletânea em francês, em agradecimento aos fãs de língua francesa por esses anos todos de dedicação, CD que foi um sucesso de vendas.

Depois desse ano Céline se lança de novo no mundo da música lançando mais um CD em Francês chamado *D'elles*, CD com primeiro single que fica em 1º lugar na França, o CD apesar de ter sido muito bem produzido não chegou a vender tão bem. Meses depois ela lança *Taking Chances*, o CD com primeiro single com respetivo nome, o CD fez um sucesso mediano, mas ficou entre os mais vendidos no mesmo ano, em dezembro Céline termina os seus shows em Las Vegas, sendo que é uma das pioneiras nesse respetivo ramo do show business.

Esses 5 anos, 2005 à 2009 foi muito bom para Céline, muitos projetos foram concretizados.

Mensagem de Aniversário:
Eu adoro o site CelineDionPT, desde o início dele que eu o acompanho, sempre, todos os dias eu faço uma visitinha rápida... adoro ver as novidades e os downloads.

João Alberto,
Salvador da Bahia- Brasil

TESTEMUNHO DO AUTOR

Estes 5 anos foram sem dúvida um marco importante na carreira de Céline Dion, que se tornou numa das mais prestigiadas e respeitadas figuras da música, uma autêntica lenda vida.

Esse estatuto foi alcançado principalmente ao longo dos últimos anos, mas para o perceber melhor é preciso recuar até 2003, altura em que estreou o show *A New Day*. Podemos até dizer que há a Céline antes de Las Vegas e a Céline depois de Las Vegas. Antes de L.V. Céline Dion já era uma das mais famosas e bem-sucedidas cantoras de sempre, mas ainda pouco tinha feito que a distinguisse de outras grandes estrelas da música. 2003 Marcou o início de uma nova era na sua carreira. Tudo começou com o contrato de 100 milhões de dólares para dar 600 concertos em Las Vegas, durante 3 anos, numa sala com 4.100 lugares, que custou 95 milhões de dólares e que foi construída de propósito para o seu espetáculo. Foram estes números que iniciaram a transformação de Céline Dion numa lenda viva da música.

Mais tarde, o prolongamento do espetáculo de 3 para 5 anos veio acentuar ainda mais esse sucesso. Quando terminou, em dezembro de 2007, Céline tinha dado mais de 720 concertos e tido receitas de bilheteira de 390 milhões de dólares. Se fosse uma tournée seria a mais lucrativa de sempre nos EUA. O DVD do espetáculo, lançado no final de 2007, tornou-se num dos mais vendidos de sempre, ficando 29 semanas consecutivas no top 5 norte-americano, incluindo 9 em primeiro lugar.

Mais de 200 milhões de álbuns vendidos em todo o mundo (incluindo a banda sonora de *Titanic*) fazem de Céline Dion a cantora que mais álbuns vendeu na história da música e isso permite que hoje em dia ela se preocupe menos com as vendas dos seus CD's e mais com os seus gostos pessoais, o que lhe permitiu lançar álbuns como *Miracle* (2004) e *D'elles* (2007) que têm um conceito e que são menos comerciais que os restantes.

Os anos entre 2005 e 2009, serviram para consolidar e comprovar esse estatuto. Prova disso são os vários prémios honorários que Céline foi recebendo e no qual se destaca a Legião de Honra, que recebeu em 2008 pelas mãos do presidente da república francesa. O prestígio de Céline ficou também comprovado pelos vários convites que teve para cantar em cerimónias importantes, como é o caso dos Óscares de 2007, da emissão especial do *American Idol* – *Idol Gives Back* – também em 2007 ou do Live 8 em 2005, assim como pelos especiais de TV que teve em 2007 quando lançou *D'elles* e *Taking Chances*. Céline tornou-se na única a ter diferentes especiais de TV dedicados aos seus álbuns em alguns dos canais de televisão mais vistos em cada país (CBS nos Estados Unidos, ITV no Reino Unido, TF1 em França, ou TVA no Quebec), isto para além de ser convidada de honra em programas de grande audiência como o *The Oprah Winfrey Show*.

Depois de 5 anos a atuar em Las Vegas, Céline não quis desapontar os fãs e embarcou numa tournée mundial, por 25 países, nos 5 continentes. Visitou lugares onde nunca tinha estado, deu concertos em grandes estádios e em pequenas salas, mostrou o seu lado humano ao levar consigo a sua mãe e o seu filho e ao visitar locais históricos como a prisão onde Nelson Mandela esteve preso ou o memorial do holocausto em Berlim. A tournée tornou-se na segunda mais lucrativa de sempre de um artista a solo e permitiu que Céline Dion se tornasse na artista com mais receitas de bilheteira e de álbuns na américa do norte durante a última década.

Pessoalmente, a minha era favorita nestes últimos 5 anos foi o final de 2005, com o lançamento da compilação *On Ne Change Pas* e com toda a promoção que Céline fez ao álbum em vários programas de televisão de França. Destaco ainda o grande momento que foi os 25 anos de carreira de Céline Dion e o concerto que deu inserido nas comemorações dos 400 anos do Quebec e onde estiveram mais de 250 mil fãs.

Falta-me apenas referir que a grandiosidade de um artista não se vê apenas por aquilo que recebe ou ganha, mas também por aquilo que dá, e neste aspeto Céline comprova mais uma vez que merece o seu estatuto de uma das maiores figuras da música mundial. Entre 2005 e 2009, Céline doou, que se saiba publicamente, mais de 6 milhões de dólares e participou em vários eventos de caridade, assim como em vários torneios solidários de golfe e em vários concertos a favor de várias iniciativas solidárias.

Bruno Silva,
Leiria - Portugal

ÍNDICE TEMÁTICO

Nestas páginas do índice temático poderá encontrar parte da informação contida no livro, organizada por temas, com destaque para as personalidades. À frente do nome / tema encontra o número da página onde esse assunto é referido.

PERSONALIDADES:

LISTAS / SONDAGENS:

Listas *Forbes*: 19, 60, 62, 80, 82, 96, 104, 124, 141, 151, 177

Listas *Pollstar*: 9, 22, 46, 64, 77, 98, 118, 164, 178, 191

Sondagens: 24, 48, 69, 77, 98, 120, 142, 158, 178, 184, 186, 192

Outras listas: 49, 50, 65, 71, 73, 78, 120

PRÉMIOS / DISTINÇÕES:

Prémios Felix: 30, 67, 70, 103, 157, 158, 159, 181, 183

Prémios Juno: 11, 15, 26, 52, 56, 125, 136, 166, 170

Prémios Imprensa de Las Vegas: 24, 57, 88, 116, 136,

Outros prémios / Distinções: 11, 12, 13, 14, 19, 20, 42, 50, 56, 97, 109, 123, 138, 141, 147, 154, 160, 162, 164, 167, 176

LANÇAMENTOS:

Álbum *On Ne Change Pas*: 23, 26, 33, 34, 37, 40, 43, 48, 50, 54

Álbum *D'elles*: 76, 80, 83, 85, 89, 91, 93, 94, 95, 97, 101, 125

Álbum *Taking Chances*: 101, 102, 111, 121, 125

Álbum *My Love*: 149, 150, 155, 159

DVD *Live In Las Vegas: A New Day*: 8, 10, 13, 52, 115, 117, 122, 123, 124, 167, 172

DVD Live *À Québec* / *Céline Sur Les Plaines*: 160, 175, 181, 183

OUTROS:

BIBLIOGRAFIA

Seria quase impossível nomear todas as fontes que estiveram na base das notícias apresentadas neste livro, contudo, não posso deixar de referir aquelas que mais notícias produziram, como o *Journal de Montreal*, a revista *Billboard*, a revista *Forbes*, a revista *Pollstar*, o canal TVA, o canal LCN, a *Canadian Press*, a *Canoe.ca*, a *Cyberpresse.ca*, e claro, o site oficial celinedion.com.

CRÉDITOS DAS IMAGENS

- **785 Records:** 38
- **Andrews McMell Publishing:** 32
- **Celine Dion Beauty:** 49, 75, 87, 100, 131, 148, 170, 171
- **Celinedion.com:** 129
- **Decca Music Group Limited:** 153
- **Diffusion YFB:** 173
- **Emd Int'l Records:** 72
- **EMI Music:** 163
- **Gie Sphe – TF1:** 175
- **Les Productions Feeling:** 160
- **Livre Expression:** 169
- **M6 Interactions:** 56
- **Martinière Beaux - livres:** 183
- **Msi Music / Super D:** 134
- **Musicor:** 172, 173
- **Select Distributions:** 39, 92
- **Sony BMG Music:** 30, 33, 38, 59, 68, 71, 84, 90, 94, 111, 115, 121, 132, 155
- **Sony BMG Music / Capitol Records / Virgin Records America / Universal Music Group Recordings:** 69
- **Spectra Musique:** 178
- **TVA Publications:** 62

"Acredita nos teus sonhos mas acima de tudo acredita em ti próprio."

– Céline Dion

www.ingramcontent.com/pod-product-compliance
Lightning Source LLC
Chambersburg PA
CBHW070954040426
42443CB00007B/509